不動産知識ゼロ、貯金ゼロ、年収500万円から始める

1億稼ぐ奇跡のマイホーム

満室率97%の賃貸併用住宅投資家
大長伸吉

ビジネス社

賃貸併用住宅

収益を生む

35年間の家賃収入 **8500万円**

資産増加！

初期の家賃収入
5万～30万円
（初級レベル）

将来の家賃収入
15万～50万円
（初級レベル）

住宅ローンの
支払い原資は「家賃収入」

ローン全額返済後に
新居をもう1棟
（駅前マンションなど）

ローン全額返済後
の資産価値アップ
（収益がある物件）

毎年の税金／年末調整の還付
（給与の源泉徴収分の還付可能）

事業拡大が可能
（賃貸事業経験者として、
賃貸事業の拡大チャンス）

年金対策
（現行約23万円の年金が
なくなっても心配なし）

普通の戸建て

収益を生まない

35年間の家賃収入 **0円**

資産減少！

毎月の家賃収入はなし

将来の家賃収入はなし

住宅ローンの
支払い原資は「給与所得」
（リストラ、会社倒産で
自己破産の事例もある）

ローン全額返済後も、
築古の戸建てに
住み続ける

ローン全額返済後の
戸建ての
資産価値はほぼ0

税金還付

事業自体を
持っていないため、
拡大は想像もできない

年金対策ができず、
退職後は年金で自宅を
リフォームすることに

はじめに

初心者でも不動産収益が得られるシンプルな考え方

「あなたの夢や希望はなんですか?」

夢や希望を3つ、書き出してください。今、直感で浮かんだことでもかまいません。日ごろからなんとなく想い描いていた夢が書かれていると思います。

その夢を実現させてくれるのが、まさに「賃貸併用住宅」なのです。

なぜ、賃貸併用住宅が夢を叶えてくれるのか。

その理由は次の2つです。

●賃貸併用住宅が、本業の所得以外の収入を生み出す。

●賃貸併用住宅が、住宅にかかる費用をゼロにしてくれる。

具体的にはどういうことか。さっそく、賃貸併用住宅を取得した人と取得しなかった人を比較してみましょう。

【戸建て住宅を取得した人】

賃貸併用住宅を取得していない人は、賃貸して毎月家賃を払っていたり、毎月住宅ローンを払っていたりと、住まいへの出費が大きくなります。毎月の家賃や、戸建てやマンションの住宅ローンが日々の生活の大きな負担になっているはずです。

都市部では家族で暮らす世帯の一般的な家賃が月10～15万円と言われています。一方、住宅ローンを組んでいる人の一般的な返済額のほうは、月7～13万円です。

仮に毎月の住まい関係への支払額を10万円とした場合、1年間で120万円になります。25歳で住宅ローンを組めば、返済期限を60歳としてその期間は35年間です。35年の支払総額は、120万円（年間）×35年＝4200万円になります。

戸建て住宅を手に入れたのは良いけれど、その代わり単純に35年間で4200万円もの支払いが発生するのです。

【賃貸併用住宅を取得した人】

適切な賃貸運営ができる新築木造の賃貸併用住宅を所有した人は、自宅を取得した後に大きな支払い負担がなくなります。なぜなら、賃貸併用住宅で得られる家賃収入で、住宅取得時に組んだローンの返済ができてしまうからです。

賃貸併用住宅とは、自宅に加えて、家賃収入のある賃貸の部屋が併存している建物のことをいいます。最近、この賃貸併用住宅を検討している人が急増しています。

繰り返しになりますが、賃貸併用住宅の魅力は家賃収入があることです。家賃収入によって、住宅ローンの返済負担を減らし、出費を限りなくゼロに近づけられるということです。さらには、ローン返済額以上の家賃収入を得て、賃貸用住宅から利益をあげる可能性もあります。給料がなかなか上がらない時代になったからこそ、このように将来に向けた対策をとる必要があるのです。

これを実現させるには、綿密な事業計画を立てて、実行に移すことが肝要です。賃貸併用住宅を建てるには、一般のハウスメーカー、建築業者や不動産業者が戸建て住宅を建てるノウハウとは、また違った特殊な戦略が求められます。通常の新築物件や中古物件では、収益を出すのはまず無理です。賃貸併用住宅に実績のある仲介・設計・施工・コンサルチームからノウハウを得る必要があります。

ここで、冒頭で質問した「夢」の実現についておさらいします。

戸建て住宅を取得した人は４２００万円もの大金を支払い、賃貸併用住宅を取得した人は出費がゼロになります。つまり一生涯における支払い負担の差が、4200万円にもなります。これがもし、住宅にかかる毎月の支出が15万円の人だったら、年間で180万円、35年間で6300万円もの出費です。

その一方で、賃貸併用住宅を取得した人は、毎月のローンの返済負担がなくなるだけでなく、さらには繰り上げ返済をして20年でローンを完済することも難しいことではありません。そしてローンを完済したら、賃貸併用住宅から得られる家賃収入がすべてあなたの年金となり得るのです。また、ローン完済後は、賃貸併用住宅の自宅部分のほうも貸し出して、より多くの家賃収入を得ることも可能になります。

例えば25歳で賃貸併用住宅を取得した人は、35年後の60歳で、まるまる1棟の賃貸収益物件のローンを完済することになります。もっと言えば、ローンがないためこの物件を担保に2棟目の収益物件を取得することも可能です。この時点で、あなたの所有資産額は1億円を超えていることでしょう。2棟目の収益に加えて、ローンのない1棟目の収益があるので、2棟目の返済はさらに短くなります。2棟目が完済したら、3棟目の収益物件の取得も夢ではありません。すでに取得している2棟が生み出してくれる資金をもとにして、次の収益物件を取得し、さらに資産や賃貸収入を倍増させていけば良いのです。

このようにして賃貸併用住宅を活用し、そこから得られる大きな収益の使い道を決めるのはあなたです。この収益は夢を叶えるのにじゅうぶんな額といえます。

ただ、ここまででお話ししたストーリーは、誰もが達成できるわけではありません。準備や事業計画を間違えるとマイナスが出てしまうこともあります。そうならないためには、知っておくべきことがあり、やってはいけないことがあります。

とはいえ、あまり難しく考える必要はありません。もし今、賃借人として家賃の支払いが負担だと思うのなら、また、戸建て住宅やマンションの購入を予定しているのなら、まず一度、賃貸併用住宅の取得を検討してみてください。

賃貸併用住宅はあなたの夢を叶え、そしてさらに大きく広げてくれる「魔法の杖」なのです。

第3章

100%満室になる物件は「土地」で決まる!
～素人にもできる「儲かる土地」を探すテクニック～

第4章

この土地いただき! 焦らず素早くコマを進める奥義
～自分でやるからスピードが速い～

第5章

融資を得るために大切なたった1つのこと
～安定性と地道さを証明すると評価が倍増する～

第6章

賃貸併用住宅はオーダーメイドがいい　建築&管理編

～明確な差別化ポイントがあるからこそ利益が取れる～

第1章

初心者も成功できる！成功者5つの事例

サポート事例①

東京都内で賃貸併用住宅（自宅＋賃貸用２部屋）を取得し、私立の中高一貫校にお子さんを入学させることができた梅原さん

（仮名／35歳／メーカー勤務）

東京都内にお住まいの梅原さんは、奥さんと２人のお子さんを持つサラリーマンです。梅原さんは、お子さんを恵まれた教育環境の中で勉強させたいと思っていました。ただ、中学高校一貫の私立の場合、６年間で２人合わせて１２００万円以上の学費が必要になることがわかりました。ご本人の給与所得だけでこれを実現させるのは、難しい状況でした。そのため、給与に加えてもう一つ大きな収入を得ようと考え、家賃収入が期待できるアパート経営を始めることに決めたのです。

しかし、梅原さんは家族で暮らす家を都内で借りていたために、毎月14万円の家賃を支払っていました。当然ながら、家賃は掛け捨て保険のように、手もとには残りませんでした。家賃の支払額は年間１６８万円、10年住み続けたら１６８０万円の支払いとなります。そのため、住宅ローンで戸建て住宅を取得することも考えていました。ただ、会社の都合で転勤する可能性があり、何千万もの戸建てを購入することには踏み切れなかったのです。

工事がはじまった梅原さんの住宅

このようなとき、梅原さんは私の賃貸併用住宅セミナーに参加し、今払っている家賃をなくし、毎月副収入を得られる仕組み、つまり賃貸併用住宅を知りました。賃貸併用住宅は、あくまであなたの「自宅」です。賃貸物件に住んで支払う家賃とは違い、取得のために組んだローンを完済すれば、土地や建物という不動産が手もとに残ります。

賃貸併用住宅の場合は、貸し出す2部屋からの家賃収入があるため、ローンを返済しても一般に毎月2万円ほどの利益が残ります。この2万円は小さな金額と思われるかもしれませんが、1年での昇給が1万円というのは東証1部上場企業でも珍しく、最近では昇給がない会社や、減給となることもありえます。

一方、毎月2万円の副収入は、年間で24万円、20年では480万円となります。

これだけではありません。

今まで支払っていた14万円の家賃を支払わなくて済みます。つまり、以前に比べて、合計で毎月16万円がお財布に残るようになりました。

さらに梅原さんはもう一つ、お得な制度を活用できたのです。自宅に対して、住宅ローン控除が利用できますので、年間20万円の還付金も得られます。住宅ローン控除は10年間あります。10年で200万円です。

一般的に住宅ローンを組むと、毎月約10万円返済することになりますが、賃貸併用住宅を取得したケースでは、逆に毎月10万円以上の出費を減らすことができるのです。住宅ローンを組まなかった人も、そのままただ賃貸物件に住んでいるだけだと、やはり毎月10万円の家賃を一方的に支払い続けなければなりません。

梅原さんの場合、賃貸併用住宅を取得したことによって、毎月16万円を自由に使えるようになったのです。これはもちろん、お子さんの教育資金に回せます。教育資金が必要になったとき、お子さんや奥さんに対して「学費は心配するな」といえたことがとても嬉しかったそうです。梅原さんのように学費が必要ない場合は、アジアなどの近隣諸国なら、毎年、海外旅行にも行けることでしょう。また、将来に備えてしっかり預金もできます。

さらにこの差益（毎月16万円）を積み立てれば、1000万円を貯めるのに6年はかかりません。

そして35歳で賃貸併用住宅を取得した場合、6年で1000万円の資金が貯められるのですから、41歳を前にもう1棟の収益アパートを取得できるかもしれないのです。

梅原さんのように、お金が出ていくばかりの借家住まいに疑問を持ち、戸建ての住宅ローンに納得をしなかったこと。そして、賃貸併用住宅を取得しようと検討したことが功を奏して、このように大きなプラスの変化が生まれたのです。

サポート事例②

借地権を活用して、念願の山手線沿線に、賃貸併用住宅（自宅＋2部屋）を取得。利便性に感動した富原さん

（仮名／40代／営業職）

山手線沿線は、賃貸経営をするにあたって東京でも随一の優良路線です。40代サラリーマンの富原さんが、念願の山手線沿線に賃貸併用住宅を取得した事例を紹介します。

営業マンとして、日々忙しく働いている富原さんの悩みは、通勤時間でした。毎日都内を回

り、名古屋や大阪にも頻繁に出張に行くため、移動時間の無駄をなくしたいと常々考えていました。当時の住まいは大宮駅よりもさらに北にあり、新宿駅に出るのに55分もかかっていましたので、職場までの通勤時間が短いところで暮らすのが富原さんの念願でした。そして現在の住まいは大塚駅徒歩7分で、新宿駅まで約15分と利便性がよくなりました。

もう一つの希望は、都内に住んでいる両親の近くで暮らしたいということでした。

それと、富原さんも以前は賃貸住宅に住んでいて毎月の家賃が大きな負担であったため、これもどうにかしたいと思っていたのです。

戸建て住宅やファミリー向けマンションを購入するのか、さらにひと工夫を重ねて、賃貸併用住宅を取得するのか、人生の分岐点に差しかかっていました。

山手線沿線の戸建て住宅やファミリー向けマンションの場合、6000万円以上の物件価格になることは明確でした。それでも、山手線沿線を希望していたため、たどり着いた戦略が、借地権で賃貸併用住宅を取得するというものでした。借地権の物件を購入することにより、土地の取得費用を抑えられたのです。

今回活用したのは、20年後に返還をしなければならない新法借地権ではなく、何年も継続して借地権の権利を所有できる旧法借地権です。旧法借地権の土地は、一般的に所有権の土地価格の7割、または6割以下で取得できるため、取得費用を低減できる効果があります。

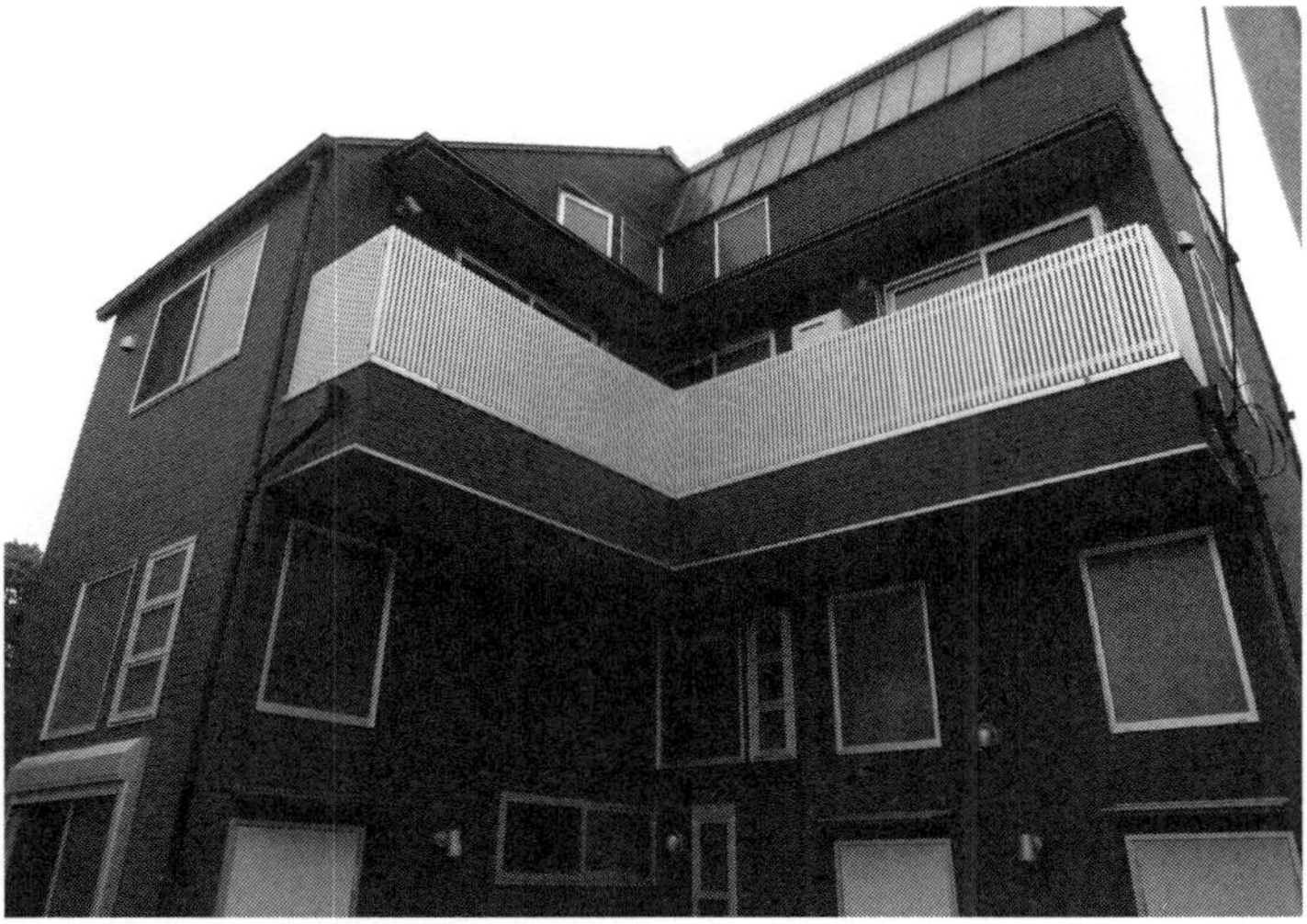
自宅床面積が建物の50%を超えなかった

さらに、借地権でも35年の住宅ローンを組むことができるケースもあります。しかし残念ながら、富原さんの場合は自宅の床面積が建物全体の床面積の50%を超えなかったため、一般的な住宅ローンを組むことができず、アパートローンを活用して融資を得ることになりました。アパートローンの借入期間は一般的に25年となりますが、30年のローンを組める場合もあります。借入期間が長いことにより、毎月の返済額を低減できるのです。

富原さんが取得した賃貸併用住宅は、敷地の広さが30坪、建ぺい率は60%、建物の延べ床面積が130㎡とロフト65㎡でした。

借地権と建築諸経費を含めた総費用は、8000万円ほどでしたが、山手線沿線であるため、家賃も各部屋11万円が確保でき、2

部屋の合計で月の家賃収入が22万円となりました。

入居者に人気のある立地は土地価格が高いのですが、それに応じて賃料も高く設定することができるのです。実際に住んでみた富原さんの感想は「山手線は利便がよい」、また「名古屋で夜遅くまで打ち合わせがあっても最終電車で家に帰ることができるので、今まで以上に充実した営業活動ができるようになった」というものでした。

このように家賃が高くても利便性の高いエリアなら、住んで満足、しかも貸す部屋のほうも入居希望者が多くすぐに満室になるというメリットがあります。

結果として、このケースで毎月家賃を受け取り、ローンと借地権の地代を支払った後に、1万円ほどが手もとに残りました。

以前は家賃に毎月10万円近く払っていましたが、今は賃貸併用住宅であるため、毎月1万円の手残りがあり、さらに、家族の住まいも確保できました。

山手線の駅から徒歩7分のところにタダで住むことができ、さらに1万円の利益が出るというのは、実に大きなメリットだと思います。

今までは自分たちが住むために、家賃10万円の出費がありました。従って、賃貸併用住宅取得前と後を比較すると、差し引き11万円のプラスとなっています。

通勤時間を短縮し、なおかつ家計の支出を大幅に削減できました。さらに、ローンを完済後は、家賃収入の22万円がまるまる得られるため、じゅうぶんな老後資金ともなるのです。

サポート事例③

東京の城東エリアの旧法借地権の土地に賃貸併用住宅を建て資産形成ができた鈴木さん（仮名／40代／会社員）

40代のサラリーマンの鈴木さんが、東京23区の城東エリアにある旧法借地権の賃貸併用住宅（自宅＋1部屋）を取得した事例です。

目的は、年金対策と副収入の確保でした。当時、すでにローン返済が終わった自宅があり、現状の生活には満足していました。しかし、年金も当てにならないし、今の安定した生活は長くは続かないかもしれないと、将来に向けて先手を打ち、副収入を得る目標を設定しました。

収益物件を持った現在、副収入は将来のための貯金として積み立てています。収益を貯金する心がけは、とても大切です。十分な貯蓄があれば、収益物件を運用するにあたり、万が一の出費に備えることもできます。余剰資金があることは、オーナーの精神的な負担を軽減することになります。

賃貸併用住宅は一般の戸建て住宅と同じく、毎年修繕が必要となる建物は稀です。仮に、15

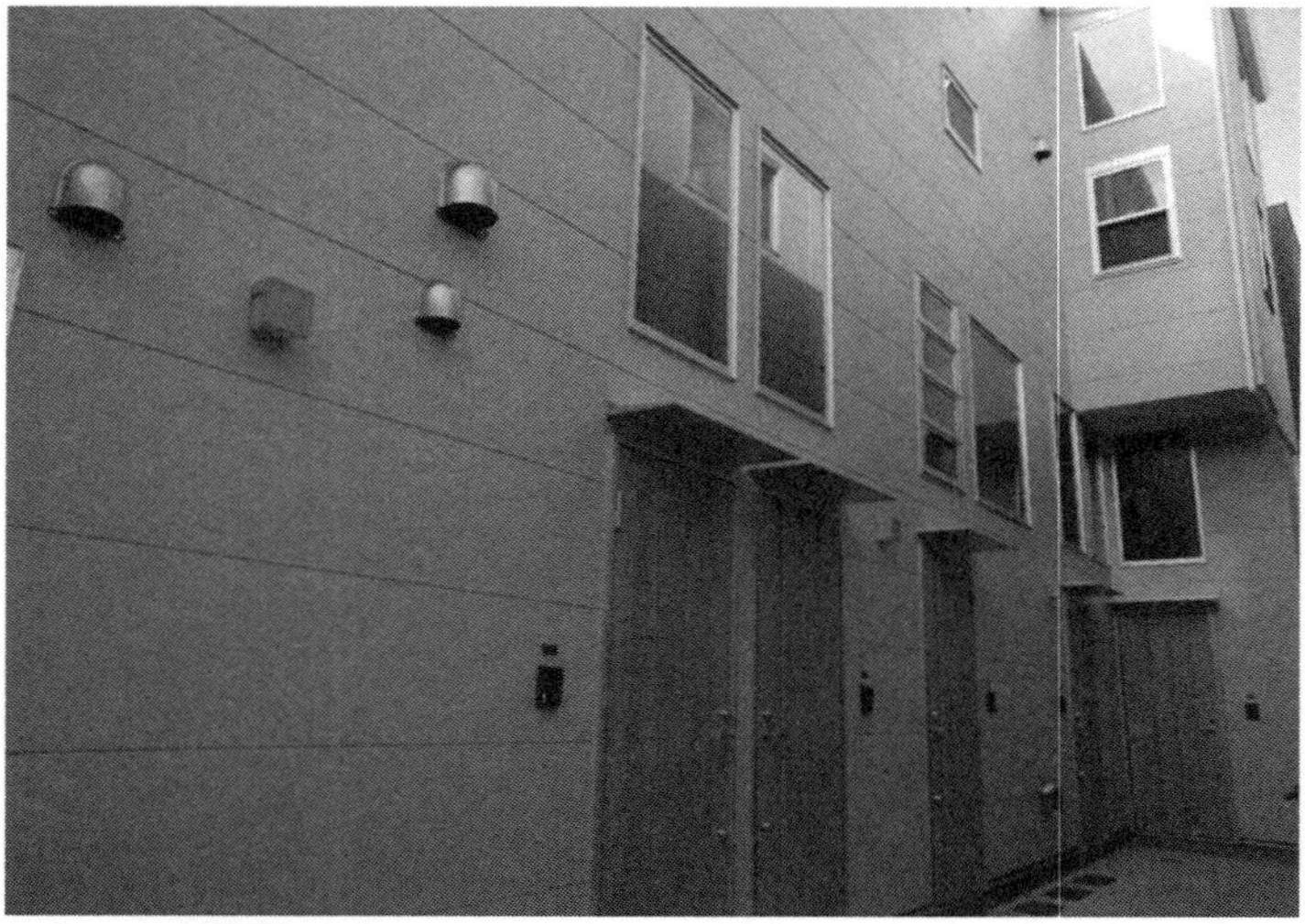

鈴木さんの賃貸併用住宅

年に一度のメンテナンス工事をしたとして、100万円から200万円ほどの準備ができていればじゅうぶんでしょう。

現在の住宅の性能は上がってきており、普通の住宅で15年目の修繕を行っていない世帯も珍しくありません。もしそれ以上の費用がかかるようでしたら、リフォームローンを組むことも可能です。しかし、住宅ローンが残る戸建て住宅を所有している場合、通常の住宅ローンに上乗せして、さらにリフォームローンの返済をしなければならなくなるため、リフォームローンは大きな負担となります。

ところが、このオーナーさんのケースでは、住宅ローンは家賃収入で支払うことができ、さらに毎月の手残りが出るのですから、リフォームローンを組む必要もありません。

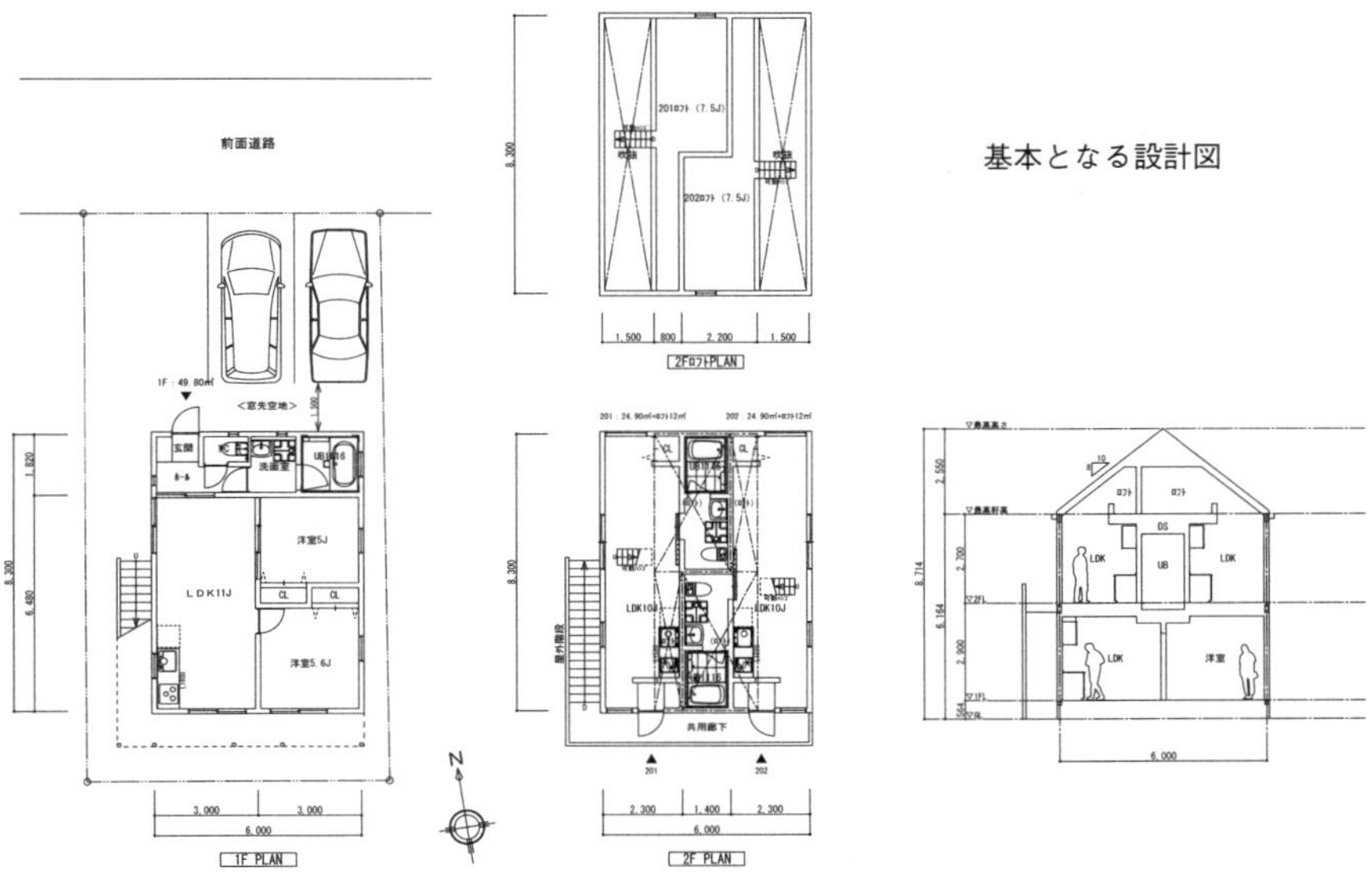

基本となる設計図

賃貸併用住宅だからこそ、このストーリーが作れるのです。

このケースは、自宅と賃貸用の1部屋の併用物件ですが、それでも毎月の収益がプラスになっています。なぜなら、旧法借地権の土地についてもローンは残っていなかったからです。

この借地権の買い取り費用と建物費用（外構や諸経費を含む）を合わせて、3000万円ほどの借り入れでした。借地権でしたが、35年の住宅ローンを組むことができて、毎月の返済は約8万5000円です。借地権の地代等を差し引いて、月の手残りは1万円ほどです。わずかな利益のように見えますが、鈴木さんは別に本業を持つサラリーマンさんですので、じゅうぶんなメリットがあります。

住宅ローンの月返済額約8万5000円に月の手残りの1万5000円を足して10万円。賃貸併用住宅にすることで、この10万円の「ゆとり」が生まれるから、毎月の支払いがゼロで済むのです。ざっと計算してみるとわかる通り、単なる戸建てを購入した家庭に比べて、毎月10万円も家計にゆとりができています。

この事例をもう一工夫してみましょう。

市場で旧法借地権の土地を安く購入できる方法があります。それは、路地状敷地（旗状の敷地）の借地権です。

- **借地権は一般の所有権よりも3割から4割ほど価格が低い**
- **路地状敷地も整形地より3割から4割ほど価格が低い**

この2つの条件が合わさった路地状敷地の借地権は、整形地の所有権に比べて5割から8割も低い価格となる場合があるのです。このような物件に対して、住宅ローンが活用できれば、とても有効な自宅取得方法となります。

さらに、別の収益物件取得計画もあります。

目的は、将来、新築の賃貸併用住宅を取得することとします。初めて自宅を取得する年齢を仮に30歳として、1棟目は旧法借地権の古家を住宅ローンで購入します。

この住宅ローンをなるべく20年で完済できるようにすると、完済時の年齢は50歳。

退職前にもう一度住宅ローンを組むことができます。

2棟目のときには、土地や借地権の取得費用はいらないので、建物価格の分だけ借り入れすると、自宅＋1部屋の小さな物件（賃貸併用住宅）でも、毎月プラスの収益が得られるのです。

これは、小さな収益物件で成功できる事業計画といえます。負担額が一般の住宅ローンと同じで少ないため、賃貸経営としてとても安定的な計画です。この計画の課題は、1棟目の完済を自力でするため、賃貸併用住宅よりやや難しくなります。

しかし、安定志向の人は、このようにして賃貸併用住宅を活用し、資産を形成してみてはいかがでしょうか。

サポート事例④

都心に賃貸併用住宅（自宅＋賃貸用の3部屋）を取得した増田さん（仮名／40代／会社員）

増田さんの目的は、住まいにかかる家賃負担の低減と将来の年金対策でした。

都心のファミリー向け賃貸マンションに家族4人で暮らし、毎月の賃料は20万円ほどでした。

2階を自宅にするケースもある

一般的な家庭よりもかなり大きな負担です。毎月20万円の家賃を合計すると、年間240万円の出費となります。10年間では、2400万円です。この家賃の出費が大きな負担であったため、自宅の購入を検討しました。さらに工夫をして自宅のほかに3部屋ある賃貸併用住宅を、東京の城南エリアに取得しました。1階を自宅、2階の3戸を賃貸としました。

自宅を1階にした理由は、1階よりも2階のほうが高い家賃設定が可能だからです。また、1階を自宅にすることで、庭などの敷地をオーナー（増田さん）の専有地として有効活用できます。

その結果、毎月のローン返済額よりも賃貸用3部屋からの家賃収入が3万5000円ほど上回りました。かつては毎月20万円マイナスでしたので、以前と比べて実質的に23万5000円のゆとりができました。年間では282万円の資産が生まれるわけです。

もし増田さんが10年間賃貸に住み続けた場合、2400万円が資産から消えていきますが、賃貸併用住宅の取得を選択することで、10年間で2400万円の支出を減らし、2820万円の家賃が得られるので合計5220万円もの資産が増えるのです。

しかも増田さんのケースは、自宅の広さが以前に比べて1・5倍になりました。取得した立地も東京の城南エリアで、山手線の駅にも近く電車の利便のよい閑静な住宅地です。この土地と収益性のある大きな建物の所有者となったことで、資産にならない家賃を支払っていた以前に比べて、銀行からの評価がさらに上がりました。そのため今は、2棟目として収益アパートの取得を検討しています。

賃貸物件に住んでいる方は、最初に住まいにかかる現在の支出状況を見直してみることが大切です。現在は住宅ローンが組みやすい時期であり、また、賃貸併用住宅への銀行融資担当者の理解も深まっています。ぜひとも賃貸併用住宅を取得し、支出を減らし収入を増やすチャンスをつかんでください。

サポート成功事例⑤

木造新築賃貸併用住宅を取得した毛利さん

あるとき、収益物件のオーナーでもある毛利さんから面白い話を聞く機会がありました。この方はすでに都内で複数の木造賃貸物件と賃貸併用住宅を所有しています。

賃貸経営を継続し、賃貸併用住宅を取得する目的は、金銭的なゆとりを確保し、余裕資金を作り、寄付をするためと話をしていました。

「面白い新築賃貸併用住宅を建てて、入居者に貸し出して、楽しく住んでもらうのはとても楽しい」と話してくれました。そのうえ余裕資金が貯まり、気持ちよく寄付をすることもできるようになったとのことです。いつも笑顔で、清々しい表情のオーナーさんです。

すべての部屋を順調に運営されており、家賃の延滞は数十室中たった1室だけだそうです。しかも、その延滞の理由も、入居者がうっかりしていて自動引落しのタイミングに入金が間に合わなかっただけだそうです。ときには入居者が満足していないと、毎月の振込の遅れが生じる場合がありますが、入居者の満足度が高いと、このように毎月の家賃の入金が安定するのです。

賃貸物件を見る毛利さん

それに加え、世の中の一般レベルよりも比較的収入が高い人をターゲットに、入居者を募っていることも毛利さんの成功の秘訣です。

毛利さんは「都内で木造新築賃貸併用住宅の1棟目を取得しようとしたときに比べて今は目標が変わりました」、「今は、次の収益で有効な寄付をしたいのです」と、とてもいい笑顔で話していました。そして、「今まで以上に、次の1棟を取得するための意欲に満ちている」と。

「将来、喜んでくれる入居者をイメージしながら建物を建築することがとても楽しい」

「限られた敷地で最大の効果を発揮できるプランとなるよう工夫すること、入居者をイメージして一つ一つ設備・仕様を選ぶことが楽しい」

新築アパートのメリット

1. 安定した家賃収入を得ることができる（総務省事業統計）
2. アパートローンを組むことができる（長期、低金利、高額）
3. 新築は物件管理が容易になる（設計施工業者との関係が密）
4. 節税の効果がある（減価償却、6分の1減税、賃貸業申告）
5. 資産が残る、担保価値がある（銀行融資）
6. 資産の維持、増大効果がある

賃貸併用住宅のメリット

1. 自宅に賃貸の部屋をつくり、マイホームと家賃収入の両方を実現するもの。
2. 自宅を住宅ローンで購入したとき、家賃収入で住宅ローンを返済することができる。
3. アパートローンと異なり、低金利で、長期間の借入れができる。
4. 自己資金が少なくても、新築1棟の土地付き建物を取得することができる。
5. 物件の収益性が評価されて、より資産価値の高い、高級住宅地に住むことができる。
6. 住宅ローンが終わった後は、自宅も貸出し、戸建てよりも高い収益が得られる。

毛利さんの成功要因は、都内の好立地で「新築木造」を取得したことです。

彼は次の目標に燃えています。

これからは、自分のためだけでなく入居者のため、さらに余裕資金を世の中のために寄付ができることを想像して、次の収益物件のプロジェクトに着手しています。

COLUMN

退職金1941万円は77歳で底をつく。そのあとあなたはどうする！

日本人の平均寿命は年々延びています。

老後のために、多くの人が行っている準備は貯金です。貯金を増やすことは良いことです。若いうちは貯金が減っても、働いて貯めることができます。

しかし退職後、年をとって貯金が減っていく様子を見ることは、とても不安なものです。厚生労働省の就労条件総合調査によると、大学卒の定年退職者の平均退職金額は、1941万円。

年金以外で毎月10万円の支出をした場合、年間120万円の出費になります。5年間で600万円が減り、また10年後の残りは741万円です。このままでは17年が経過すると、この退職金がなくなってしまいます。何らかの対策をしないと、77歳で貯金が底をつく可能性があるのです。

退職後20年はまだ80歳代です。つまり退職後も別の仕事をしなければならないのです。しかし、80歳を超えて仕事をすることはなかなか困難なことです。仕事ができなくなったときに、生活資金が底をついてしまったら、本当に心配になることでしょう。
そこで、知ってもらいたいのが以下、老後の生活資金の基軸として、毎月賃貸併用住宅から家賃収入を得ている人の事例です。

主要駅徒歩7分以内で、新築賃貸併用住宅を取得して、毎月10万円もの住宅ローンの支払い負担を減らせている事例があります。

逆に、退職後に月10万円を食い潰していく生活は、既述通り17年後に限界が来ます。

しかし月10万円の家賃収益を得て生活する場合、所有不動産がある限り資産がゼロになるということはありません。しかも、この月10万円の家賃収益によるローンの返済が終わった後、自宅を貸し出すこともでき、この家賃収益が30万円ほどになるのです。

その理由は、ローンを完済したら全家賃がオーナーの手取りとなり、これが月30万円（賃貸2部屋で16万円＋自宅を貸し14万円）となる事業計画だからです。

このように、歳を重ねた後に大きなボーナスが待っているのが、賃貸併用住宅経営の醍醐味です。

・退職金の預金は歳を重ねるたびに残高が減っていく（苦しくなる）。
・賃貸併用住宅経営は、歳を重ねた後に預金残高を見るのが楽しみになる。

そして、賃貸併用住宅経営では収益性のある土地と建物という大きな資産が得られ、この資産をご子息に残せるのです。

立地がよければ、後継オーナー（例えば子息）が歳を重ねた後も、また家賃収入が得られます。

このとき、後継オーナーは優良な土地の資産家として新たに建物を建てるための融資を得て、新規に不動産経営を始めることも可能です。資金的にも、老後の生活環境も、ご家族との関係も、良好に維持されるのです。もし77歳で退職金などの貯金がゼロになった後も、働かずして収入を得る。

そんな夢を賃貸併用住宅が叶えてくれます。

第2章

不動産素人でも1年で「自宅付き事業用物件」が持てる

～あなたを成功に導くシンプルな習慣・考え方～

本業を大切にしてこそ賃貸経営は生きる

前章でお勧めした賃貸併用住宅も、数ある不動産投資の形の一つです。不動産業とは無縁だった素人さんには、この賃貸併用住宅の「経営」が、不動産投資を始めるのにぴったりですので、自信を持ってお勧めしました。とはいえ、不動産投資の一つに変わりはありません。やってみようと思う人には、それなりの知識と知恵が必要になります。いきなり不動産のプロになるのは無理でも、必要最低限の知識は身につけておきたい。というわけで、以下しばらく不動産業界の話題をもとに、知っておくと有益な不動産知識を取り上げてみます。

例えば、資金ゼロから不動産投資を始めるための基本の一つは、本業を続けながら不動産投資を行うことです。

不動産投資には大きな事業資金が必要で、その資金は銀行から融資を得て行うことになります。銀行から認められるためには、最低でも仕事を3年以上継続していることが必須条件です。医者、弁護士や公務員であること、上場企業に勤めている人であればなおいいのですが、不動産投資は別にこういう人たちだけのものではありません。サラリーマンや事業主でも可能です。

ただし、本業を継続していて初めて、不動産投資を始めるスタートラインに立てます。本業を辞めて不動産投資で生活することや、働かずに不動産投資一本で勝負をすることを考えているとしたら、資金ゼロから始めるのはいかにも無謀というものです。普通の人が簡単に成功できるほど、不動産業界は甘くはありません。

不動産業界には死ぬほどの覚悟でやっている事業者や、何十年も失敗を積み重ねてようやく成功を遂げた成功者がいます。この業界で大成功するには、彼らのように大きなリスクを冒さなければなりません。普通の人が資金ゼロから不動産投資を始めるには、こうした猛者たちとは別の土俵で行うべきです。

つまり、リスクを低く抑え、不動産収益も年間500万円や1000万円の高額ではなく、100万円や200万円程度を目指すということです。

本業で人並みに生活ができていることに加えて、毎年100万円ほどの副収入があれば、成功といえます。それは、不動産投資をしていない人よりも、断然ゆとりのある生活を送れるようになるからです。

例えば、その副収入は、年間100万円のボーナスとも考えられます。これは大手の一部上場企業でも珍しい額です。本業のボーナスに加えて、さらに100万円も副収入がある。そして、毎年プラス100万円を積み上げていけば、また新しい事業展開が見込めるのです。

本業を継続するからこそ、不動産賃貸収益を余裕資金とみなすことができます。このように、ゼロから不動産投資を始めるきっかけとして本業が必要なのです。本業を継続することで、さらに大きな成功を望むことができるのです。

金銭感覚を磨き、お金と上手に付き合えるようになる

お金と上手に付き合えるようになりたいと思っている人は多いはずです。

しかし、多くの人は自分の収入を増やすために効果的に運用しているようには見えません。まず、こまめに家計簿をつけている人がとても少ないのです。毎月の収入がどのように動いているのかを記録すること。これは、節約の基本中の基本です。例えばスポーツチームの監督が、自分のチームの選手の成績を知らないなんてことはあり得ません。不動産投資をしようとしているのですから、自分が使える資金について、どのように動いているのか知っておくべきです。家計簿をつけるだけでも、正しい金銭感覚は身につきます。

家計簿は面白いもので、日本中の誰もが同じものにはなりません。食事が大切なのか、服や物が大切なのか、レジャーが大切なのか、人それぞれです。家計簿をつけるだけで、自分自身の今が見えて、さらに次はこうしたい、こうなりたいと、次にすべきことが見えてきます。

目標を達成するために、さらにお金をうまく扱えるようになりたいと考えることもよいことです。書籍やインターネットでは節約について、多くの先駆者がたくさんのノウハウを公開してくれています。知識を身につける習慣があれば、どんどん情報を得られるようになります。

・本業からの収入の動きを継続的に確認する。
・世の中の節約術を知り、そのノウハウを有効に活用する。

そして、身についた金銭感覚を継続して実行に移すことで、自己資金が増えていきます。もうこのころのあなたは、自己資金がゼロではないはずです。そして、それを不動産投資に変えて、さらに有効に活用できるように不動産賃貸経営について学んでいきたいものです。

賃貸経営の利益で手に入れたいものを明確にする

賃貸経営で成功をつかむためには、次の3つの心構えが必要です。

1　成功のレベルを自分で決める
2　賃貸経営の実際を知る
3　希望する成功レベルと賃貸経営の手法を合致させる

1　成功のレベルを自分で決める

これから賃貸経営を始める人は、この成功レベルを明確にする必要があります。

「どのような土地を希望されていますか」と不動産業者が聞いてきます。「どのような建物を希望されていますか」と設計士や施工業者が聞いてきます。このときに、オーナーとして明確に答えを出さなければなりません。

土地や建物についてそれぞれの業者に回答を出さなければ、業者は適切に動くことができません。つまり、土地も建物も取得できなくなってしまいます。

オーナーとして決めておくべきことは、自分がどのような状態になりたいのかという最終的なビジョンです。お金をたくさん得られさえすれば、どんなに苦労をしても問題がないのか、不動産資産が増えれば、お金が得られなくても納得できるのか、等々。

成功のレベルを判断するときには、「人・物・金」の状態を事前に決めておくことが有効です。人については「肉体的な負担・精神的な負担・時間の負担」をどのような状態にしたいかを決めておきます。多くの人は、苦労をせず、精神的な負担もなく、時間を取られることもなく、資産が増えてたくさんのお金を得たいと思うものです。

しかし、そのすべてを簡単に実現できることはないので、実現したい「人・物・金」の状態について、自分の価値観に基づいた優先順位を決めておくことが大切になります。

2　賃貸経営の実際を知る

賃貸経営術を知らなければ、成功はおぼつきません。優良な土地を得ることだけが、賃貸経営で成功する方法ではないのです。

例えば、銀座の一等地で賃貸経営を始めようとしても、普通のサラリーマンでは一生かかっても取得できないので、成功の可能性は限りなくゼロです。取得すべき土地も、賃貸経営の方法によって適した条件が異なります。建物も同様にそれぞれの取得方法があり、最適な方法を見つけ出す必要があります。

その他にも、自己資金の作り方や、銀行融資の組み方、入居者の見つけ方、管理運営の仕方など、何通りもの方法があり、それぞれにメリットとデメリットがあると知ってください。賃貸経営について、より一層詳しく知ることが大切です。

3　希望する成功レベルと賃貸経営の手法を合致させる

成功レベルを決めてから、賃貸経営術をしっかり学ぶこと。これはオーナーとなるあなたがやらなければならないことです。自分に適した賃貸経営術を選び出すことが必要となります。あなたのお持ちの資産と融資額には限りがあり、これから販売される土地の数と価格にも限度があります。

すべての条件を満たそうとした場合、時間がかかりすぎてしまいます。成功レベルに優先順位をつけて、取捨選択することが大切です。多くの人は成功レベルが漠然としていて、かつ賃貸経営について無知であるため、不動産業者や建設業者に勧められるがままに土地や物件を購入して失敗してしまいます。自分が求める成功レベルを決め、賃貸経営をよく知ることは必要最低限のことです。

そして、成功レベルに合わせた賃貸経営術を見極め、身につけるべきです。これは思い通りにならないことも多く、精神的にも疲れる作業なので、多くの人が途中で挫折、あるいは妥協してしまいます。だからこそ、あまり範囲を広げすぎないで、自分の成功レベルに合った賃貸経営術に絞り込み、少なくともその部分では妥協しないできちんと我がものにすることが大切になるのです。

不動産賃貸経営で成功するための6原則

収益が上がる物件と上がらない物件があります。一般の不動産広告に載っているような物件では、大きな利益を上げることはできません。例えば、都内の駅徒歩7分以内で、入居者に人気のロフト吹き抜けなどがある収益性のいい物件などは、長く所有する価値があるといえます。そうした優良物件を手にするために、良質な土地を見つけ出し、また購入条件と健全な銀行融資を引き出すための苦労を克服することも大事な作業です。

「自己資金をたくさん投入できる人は、苦労をせずに収益不動産を取得できる」といわれます。それ以外の人には厳しい、というニュアンスですが、そうとは限りません。確かに、潤沢な自己資金を準備できた人は不動産を取得しやすいものです。しかし、このような人は高額の自己資金を準備するまでに膨大な苦労をし、知恵を絞っているのです。彼も最初は自己資金のなさに苦しんでいた人だったかもしれません。

潤沢な自己資金が少ない場合は優良な立地を低価格で取得する手段を身につけ、売主に対して正当に価格交渉をする努力が必要です。

今まで私のサポートを受けて収益不動産を取得した人々は、並々ならぬ努力をしています。オーナーさん自らが学ぶ姿勢、聞く姿勢、アイデアを出す姿勢が大切です。目標を達成したオーナーの皆さんは、熱心に情報収集をし、考え抜くことを継続していました。この前向きな姿勢があることで、自分自身の立ち位置を知ることができ、足りないものを見つけ出し、そして弱点を克服することができています。これにより優れた物件を見つけられ、銀行員さんからの理解を得て、銀行から見事に融資を得ていました。建築するときにも設計施工業者からの提案や判断を受け入れて、適切な段取りを踏んでいました。

このように立ち振る舞ってこそ、よい間取りで、安定経営ができる収益不動産ができ上がるのです。そうしてできた物件が、入居希望者にも受け入れられて満室になります。

不動産業界は、さまざまな法令に左右されるところです。今後、また新たな法令ができることでしょう。景気や不動産価格も変化します。しかし、どのような状況でも、聞く姿勢、学ぶ姿勢をもって努力を重ねる人が成功します。不動産賃貸経営で成功するためには、次の6原則が重要なポイントとなります。

1　人気駅から徒歩7分以内の優良な土地を見つけ出す

2　適切な購入価格と購入条件を売主から引き出すために交渉をする

3　自己資金を準備するための苦労をする

4　銀行員から理解を得て、健全な銀行融資を引き出す

5　ロフト吹き抜けがある、といった入居者に魅力的な建物を新築する

6　設計者・施工者・不動産業者などの関係者からの提案や判断を受け入れ、適切な段取りを踏む

知っておくべき賃貸経営のリスクは何か?

所有資産の状況によって不動産投資の見方が変わります。もし、あなたの資産が潤沢で収入も1000万円を超えるならば、不動産投資について気軽に検討ができることでしょう。

不動産投資のメリットの一つは、家賃収入が長期間継続して得られることです。例えば、毎月8万円の家賃収入でも年間では96万円、20年間では1920万円です。普通の人がこれだけの副収入を得るには相当の苦労が必要ですが、家賃収入とはこのようなものです。

そして、もう一つのメリットが、インフレになり世の中の物価が上がると不動産の資産価値も上がることです。

このように二重の効果を得られ、なおかつ、得られる家賃が高額であることが不動産投資の最大のメリットです。これが、資産家が不動産投資を行っている大きな理由です。

不動産投資においては、あなたの現状について整理をしておくことが大切です。もし、所有資産が少ないにもかかわらず、強引に不動産投資を始めてしまったならば、困ることがあります。不動産投資のリスクは、銀行から大金を借り入れて投資を行うという点です。借入金が高額なため、毎月の返済額も高額となります。

ワンルームマンションの投資でも、返済額と管理費と修繕費を足した合計額は、たいてい5万円から10万円弱です。これを家賃収入で賄うのが基本なのですが、いったん部屋が空室となったときを想像してください。

毎月の収入から生活費を差し引いたときに余裕がない人が、さらに5万円から10万円を給与から返済しなければならなくなります。生活が苦しくなり、そして、借金に追われる生活になってしまうのであれば、不動産投資をやる意味がありません。

高額な資金を銀行から借りられるメリットがある一方、投資した資金の回収に時間がかかるデメリットがあるのが、不動産投資です。その時間が20年間、または35年間もかかる場合もあります。その途中で一度でも破たんをしてしまえば、大損となります。

しかし、この長期の時間を有効活用することにより、大きな利益を得ることもできます。破たんをしては元も子もないので、まず、あなたの資産背景を整理しておく必要があるのです。無理をして不動産投資をしてはいけません。

例えば、自己資金を一銭も出さずにフルローンで不動産投資をすることも、できるにはできます。

しかし、これは不動産投資の中でもリスクがとても高いものです。これができる人は資金や資産が潤沢にあり、ローンの借り入れ分に相当する資産を別に所有している人だと知っておくべきです。

また、良い不動産経営と悪い不動産投資があります。この2つには、大きな違いがあります。悪い不動産を所有すると、自己破産をする可能性もあります。逆に、良い不動産を所有すると大きな副収入が得られます。だからこそ、不動産を見極める目を持つことがとても大切なのです。

不動産がすべて悪いものならば、この世から不動産投資が抹殺されていることでしょう。私は不動産経営とはとてもいいものだと思っています。良い結果を出すのに最も大切なことは、不動産を見極めるということです。だからこそ、不動産を所有する前に、しっかりと勉強をす

ることが大切なのです

自己資金は1円でも多い方が良い

不動産経営において、自己資金を貯蓄しておくことはとても大切です。自己資金が多ければ多いほど、これから起こるすべてのことが優位に働きます。最もわかりやすいのが、銀行からの融資です。

自己資金が多い人は、銀行の融資を必要としません。借り入れがなくても、土地と建物を購入できてしまいます。しかし、このような人はきわめて稀で、多くの人は銀行からお金を借ります。

お金を借りるときでも、自己資金が少ない人は不利です。銀行員さんから「自己資金が少ないので、融資の審査を行うことができません」といわれる場合まであります。

融資の審査もしてもらえないとなると、購入しようとしていた物件を諦めることになります。莫大な労力と時間をかけ、極上の物件がようやく目の前に出てきたにもかかわらず、資金不足で諦めなければならないときほど空しいことはありません。

資金不足は、たいていは短時間で解決できるものではありません。資金を短時間で集めようとすると、短期の借り入れをすることになり、条件の悪い手数料や利息などの選択をせざるを

家計チェック

[年収500万円/手取り419万円/扶養有]

住宅費	8万円☆	被服費	1万円
食事	5万円☆	娯楽費	1万円
水道光熱費	2,3万円	小遣い	3万円
通信費	1.6万円	嗜好品	0.5万円
生命保険	2.0万円▲	その他支出	1万円
自動車	0		
生活日用品	1万円	支出	31.4万円
医療費	1万円▲	収入	34.9万円
教育費	3万円☆	毎月の差額	3.5万円
交通費	1万円	年間貯蓄	42万円

えなくなり、費用が高くついてしまうのです。

それでは、自己資金がない人や少ない人はどうすればいいのでしょうか。最も明確な答えは、物件購入のタイミングが来る前にあらかじめ自らで準備をすることです。

自己資金が簡単に貯められない状況は、皆同じです。だからこそ、最もいい準備の方法は、日々こつこつと積み上げる、ということになります。決して、無理をしてはいけません。地道に、着実に、自己資金の積み立てを継続するのです。多くの人は、地道な作業が好きではありません。だから、自己資金が貯まらない人が多いのです。

この競争で勝ち抜くことができるのは、自己資金を積み上げている人にほかなりません。だからこそ、今すぐに貯金を始めるべきです。たいていの不動産投資では、自己資金は1000万円ほどでスタートできます。1000万円は、実は途方もなく大きな数字というわけではありません。大きな数字をかみ砕いてみるとよくわかります。1000万円を10年で貯めようと思えば、1年で100万円（毎月約8・3万円）を積み上げればよいのです。

30代の人が10年かけたとしても、まだ40代です。不動産経営を始めるのには、まだまだ若いタイミングです。10年は決して長い時間ではありません。

また年金対策として収益不動産を持つのならば、40歳の人が20年かけると、ちょうど60歳です。自己資金ゼロの40歳の人が1000万円を20年かけて積み上げるには、1年で50万円を貯蓄すればよいのです。年間50万円ならば、ボーナスをキープしておくだけでも可能かもしれません。1年分をさらに分割すると毎月の積み上げ金額は約4・1万円です。4万円ならば、毎月の積立金としては無理のない範囲です。

将来日本の年金制度が崩壊しても、今までどおりの生活ができる保障を得られるのは、とても安心なことです。1人で休日、街や郊外に遊びに行くだけでも、1日で1万円はかかります。4人家族で、外食をしても1万円ほどになってしまいます。多くの人は、簡単にさまざまな出費を重ねます。ですので、支出をなるべく減らし、将来に向けて積み立てをしようと決意することが大切です。

また、すでに自己資金を500万円持っている人ならば、あと500万円を貯めるために、先ほどの毎月4万円の半分、毎月2万円ずつ積み立てればゴールに10年で到達できるのです。
年金対策として、優良な収益不動産を持つために、自己資金の積み上げについて揺るぎのない決意をして、ぜひとも成功をつかんでください。

収益物件は自己資金500万円でも建てられる

収益物件を取得するための自己資金についての相談をよく受けます。質問内容は、「私は所持金がわずかです。賃貸併用住宅取得のためには自己資金をいくら準備したらよいでしょうか？」というものです。初めて不動産経営をする人も、すでに賃貸併用住宅などを所有している人も、これと同様の悩みがあるかと思います。答えは、所有したい不動産の規模によって異なります。

土地取得の場合について、銀行の融資担当者曰く、「基本的に土地と建物の建設費の合計額の3割が自己資金ならば融資が可能」とのことです（ただし立地・建物・個人の属性などにより例外はあります）。

最も安定的なのが自己資金が総工費の3割で、残額は融資を得ているケースです。立地・建物・個人の属性などの条件をより厳しく見ることになりますが、ある銀行では自己資金が1割ほどでも融資が得られたこともありました。東京の世田谷・目黒でも、自己資金500万円からでも可能な場合があります。

しかし、自己資金が1割以下（500万円以下）ではやや難しくなります。

ただ、難しくはありますが、例外もあります。賃貸併用住宅（2戸賃貸＋1自宅）など小規模ですと、自己資金300万円でも銀行に相談する価値があり、実際に融資を得られたことがあります。もし銀行の融資が通らなくても、あといくら自己資金が必要なのか銀行からコメントをもらい、その具体的な額を目指してお金を貯めればよいのです。何事も動かなくては、目的を達成できません。

また、自己資金が少ないことは、融資額が多くなることであり、返済リスクが大きくなることも理解しておいてください。

あなたの老後の家計が破産⁉　家賃収入が対策になる

厚生労働省の平成27年の報告によると、男性の平均寿命は80・79歳、女性の平均寿命は87・05歳です。平均寿命は男女とも増加しています。同世代の4人に1人以上が90歳まで生きるといわれています。今後も日本人の寿命は年々延びると予想されています。

豊かな老後を過ごすことができるのは、幸せなことです。しかし、これからは長生きをしても豊かな老後が過ごせないという時代がやってきます。これは、今後、日本人が直面することになる大問題です。

今までは長生きをしてもたくさんの年金を受け取れていましたが、今後は年金をもらえる保証がありません。現に60歳からもらえていた年金が65歳からのスタートとなり、年金の受け取りが70歳からとなる可能性もあります。もし年金がなくなってしまったら、どのように生活をしていきますか。貯金がない人にとっては、深刻な問題です。貯金がある人でも貯金を切り崩して生活を続けることは苦しいものです。貯金がどれくらいあればじゅうぶんだといえるのでしょうか。

現在の年金制度が成立している状態で計算をしてみます。

＊現在65歳の夫婦で、勤続期間の平均年収が660万円の収入（手取り）だった場合、2014年の計算では、夫婦の世帯年金は月27・1万円ほどもらえます（年金機構より）。
＊現在65歳の夫婦で、勤続期間の平均年収が420万円の収入（手取り）だった場合、2014年の計算では、夫婦の世帯年金は月21・8万円ほどもらえます。

一般的な生活レベルの夫婦での毎月の支出は28万円といわれており、平均年収660万円の世帯でも若干の切り崩しが必要になります。これが平均年収420万円（手取り）の世帯だと月約6万円のマイナスになってしまうのです（28万円−21・8万円＝6・2万円）。毎月6万円を貯金から切り崩すと、年間72万円。65歳から85歳まで20年生活を続けた場合、１４４０万円の生活費。

もし90歳まで生活を続けるのなら、１８００万円の生活費が必要となります。

これは年金が満額もらえた場合のケースにすぎません。この先、年金が現在の3分の2に減額となった場合、平均年収が手取り６６０万円の世帯ですら、月々10万円の切り崩しとなるのです。毎月10万円を切り崩すと、年間１２０万円。

65歳から85歳まで20年生活を続けたとしたら、２４００万円の切り崩しとなります。また、90歳まで生活を続けるのなら、３０００万円の切り崩しになるのです。

マイホームも貯金もない人は、もはや生活を維持することが困難になります。

将来どれくらい生活資金が必要になるのか。今このタイミングで冷静に考えておくべきところにきているのです。お子さんやお孫さんに生活費をもらうのはつらいものです。将来働けなくなったときのために、安定した副収入を確保しておくことがなにより大切でしょう。

長期的に安定した収入源を得るためには、やはり好立地における賃貸併用住宅経営が最善策です。

賃貸併用住宅のメリット

・賃貸併用住宅から、家賃収入を得ることができます。
・好立地だと、家賃が高く空室が少なく、また自宅を貸すこともできます。
・家賃という副収入だけでなく、土地と建物という資産を手に入れることができます。
・賃貸併用住宅では、同じ不動産投資でもアパート経営のアパートローンなどと違い、低金利での長期借り入れのできる住宅ローンが使えるので、返済負担を減らすことができます。

老後破産は有能なサラリーマンに起こる

以上のように、20年後は今までのように年金がもらえるとは断言できません。実際、現在でも老後破たんに苦しんでいる方が大勢います。投資の失敗による老後破たんの事例を一つ紹介します。

老後の生活費は、夫婦2人で毎月28万円ほど必要です。年金の手取りが22万円として、毎月6万円のマイナスになります。この6万円を稼ごうとするあまり、経験のない投資に手を出して失敗してしまうことがよくあります。また、投資信託やワンルームマンションの営業マンの勧誘にのってしまい、今まで蓄えた数千万円の大金を一気に振り込んでしまうケースもよく耳にします。所有している数千万円全額を、ただ一点のみの投資商品につぎ込むなど、冷静で正常な人の行為ではありません。

こうした事例に陥らないための対策は、実は簡単なのです。失敗しないためには、身近なインターネットや本書のような書籍で具体的な成功例を収集し、専門家や成功者から直接話を聞くなどして、情報を得ていけば良いのです。それにより判断能力がつき、失敗のリスクを減らせます。所有している自己資金が短期間でゼロになってしまうような行為は、不動産の購入でも起こりえます。ですから、価値のない不動産や価値がマイナスとなる不動産を購入してしまうような行為は絶対に避けなければいけません。

ほかにも思いもよらないことがあるものです。本人の老後生活が安定していても、妻子のいる息子さんがリストラにあってしまうかもしれません。この息子さん家族に住宅ローンが残っていたら、ローンの返済を立て替えなければならないかもしれない。そうなった場合、その金額は毎月10~15万円ほどになることでしょう。6万円なら余力があっても追加で10万円の支出が加わると、毎月の支出は16万円にも膨れ上がってしまいます。

これは一般の高齢者には厳しい支出です。息子さんが再就職できればよいですが、もし住宅の売却も再就職もできなければ、息子さんの住宅ローンを全額負担することになるかもしれません。恐ろしいことですが、実際そのようなこともありました。

これから将来、どのようなことが起こるかわかりません。だからこそ、早くから将来の備えを始めるべきなのです。有能なサラリーマンは、働き過ぎで時間がなく、目の前のことに集中しすぎています。これからは、あなた自身が時間と労力を使って稼ぐのではなく、時間にとらわれない賃貸経営での収入を増やしていくことが有効です。それにより、煩わしいこまごまとした副収入稼ぎに縛られることなく、効率良く本業に集中することができるでしょう。

目標を書き記して、厳守事項を決めておく

賃貸経営を始めるとき、目標設定がとても大切になります。毎月の収益を増やしたいのか、それとも資産を増やしたいのか。この2つの目標の違いで、取得する物件が異なります。

・毎月の収益は高いけれど、その収益は長続きせず資産価値がない物件。

・資産価値があるけれど収益が低い物件。

世の中にある物件はそれぞれ個性があり、目標によって選択すべきものは自ずと異なります。当然のことながら、収益性があり資産価値がある物件は、取得価格が高くなる傾向があります。

目標は、毎月の収益を増やすこと、あるいは資産を増やすことでもかまいません。

どちらにしても、今すぐに目標を紙に書き残しておくことです。年収が少ない人は、**「第1優先順位=毎月の収益を増やすこと。第2優先順位=資産を増やすこと」**などと書き記してください。そして、その目標を毎月見直すとよいでしょう。

物件を取得する人が最も精神的に不安になるのは、土地の売買契約をする直前です。この売買契約では、数百万円の手付金を支払います。土地の売買契約時に、不安な気持ちになったときにあなたを支えてくれるのは、あなた自身が書き記したこの〝**目標**〟です。目標を達成するためには、土地の売買契約は避けられないものだと、再確認できます。

さらに、目標と同時に、〝**守らなければならないもの**〟も決めておいてください。

例えばそれは、「本業に支障が出る賃貸経営はやらない」、「赤字となる事業ならばやらない」、「今の生活を維持できないならやらない」などになるかもしれません。

不動産で失敗する人は大きな収益を追求するあまり、失敗したときのリスクを見落とす傾向があります。失敗する人は、物件の取得を諦める時の基準を作っていないことが大半です。その対策として、〝目標〟と〝守らなければならないもの〟を決めておくことで無理なく、あなたに適した不動産を取得できるようになります。

収益がマイナスとなる物件を取得してはいけない

〝収益がプラスとならなければ、不動産を取得する意味がない〟

絶対にやってはいけない不動産投資は、赤字になる可能性がある不動産を取得することです。

過去には、不動産営業マンが赤字となる事業計画を提示しても、それに気づかずに物件を購入してしまった事例がいくつもありました。

【事例1．ワンルームマンション販売】

ワンルームマンションの不動産投資を勧める販売業者は、「自己資金がなくても、簡単に収益不動産を取得できます」とのセールストークをしてきます。東京の優良な立地のマンション1室をわずかな自己資金で購入した場合、

マンション価格1700万円、諸経費90万円、自己資金100万円、月家賃収入8・2万円、借入額1690万円、25年借入、金利2・5％、月返済額7・6万円。これにより発生する毎月の利益6000円。

営業マンからは、このように毎月6000円の利益が出ます、と説明されます。そして、100万円の資金で25年後に優良な立地の物件を取得できます、とも説明されます。

しかし、利益が出ることを期待して不動産を購入しても、購入後には固定資産税の請求書が届き、また火災保険の費用などがかかるのです。つまり、管理費（月額）6000円、修繕費（月額）5000円、固定資産税（月額）4000円、保険料（月額）2000円がかかり、月間収支はマイナス1万1000円となってしまうのです。

家賃－（元金・利息返済額＋管理費＋修繕費＋火災保険料＋固定資産税）＝マイナス1万

1000円。

これでは結局、毎月の不動産収入は得られず、自分の貯金からの持ち出しで、支払いをしなければなりません。将来、空室が出たとき、家賃が下がったとき、修繕費がかかったときは、もっとひどい状況になります。これらの原因は、ひとえに営業マンの説明不足、購入者の勉強不足です。

次のポイントは必ず確認しておきましょう——不動産価格、仲介手数料、不動産取得税、ローン返済額、固定資産税、保険費用、管理費、想定空室率、想定家賃下落幅など。目的の土地の周りには必ずと言っていいほど別のアパートがあるので、家賃相場や空室率も把握しておきます。

不動産取得前には、綿密な事業計画を立てなければいけません。そして、赤字が出る可能性がある物件は絶対に取得してはいけないのです。

サラリーマンの場合、源泉徴収で税金を支払っています。そのため、年末調整を各自で行うことで、このマイナスのほぼ全額分を還付してもらえます。

「この還付金を得ることで、新たに出費をすることなく物件を取得できます」

これがセールストークです。しかし、このワンルームマンションの運用事業を単体で見た場合、収支がマイナスであり、赤字の事業です。物件の所有権を持つことはできますが、マイナスの事業のために1000万円を超える借金を抱えることは危険なことです。家賃が下落したら収支はさらに赤字となり、空室となった場合は大赤字です。年末調整での税金還付では到底埋め合わせることができず、給与からの持ち出しとなります。

〝収支がプラスとならなければ、不動産を取得する意味がない〟。それが大切です。

ところが、販売業者は自社の利益のために、この常識を覆してでもセールスを仕掛けてきます。甘い言葉にのせられず、冷静に対処しましょう。

【事例2. 戸建て住宅の販売】

新築戸建ての住宅を取得することは、日本中の家族の夢のように思われてきました。

しかし、単に戸建て住宅を取得するだけでは、家計が圧迫されるだけです。それは、給与から住宅ローンを返済しているからです。賃貸住宅に住む場合も同じことがいえます。賃貸に住むこと、自宅を購入すること自体は、安心を得ることではありえません。

もし給与が減額となったら、会社が倒産したら、たちまち支払えなくなってしまいます。住居目的だけの戸建てを持つことでは、収益は生み出されません。ここで再び、

〝収支がプラスとならなければ、不動産を取得する意味がない〟のです。

この常識を完全に無視して、自社の収益だけを求める不動産業者が世の中にはたくさんあります。

その結果、家計が苦しくなってしまっているという現実が、残念ながら多々あるのです。

しかし、賃貸併用住宅を取得すれば、家計が苦しくなることはありません。何度か書いてきたように、賃貸併用住宅を取得する意図は、給与からローンの元金と利息の返済をしなくてよい収益物件を所有し続けるというものです。

住宅を持つことが、将来の家計の負担となるようでは本末転倒です。もう一度、安定した生活を送るために、今何をすべきか考える必要があります。

個人事業主こそ賃貸併用住宅を取得せよ

住宅ローンを有効に活用して、賃貸併用住宅を取得する方法は、特に個人事業主や中小規模法人のオーナーが知っておくべきことです。

〝自宅＋居住用賃貸＋事業用賃貸〟という超複合物件を運用する戦略です。

事業用ローンではなく、住宅ローンで取得するメリットは、

- **事業用ローンは借入期間が短く、住宅ローンの借入期間は長い。**
- **事業用ローンは金利が高く、住宅ローンは金利が低い。**
- **住宅ローンなら住宅ローン控除制度を活用して還付金がもらえる。**

という3点です。

戸建て住宅の場合、月10万円ほどのローン返済を給与から支払わなくてはいけません。しかし、賃貸併用住宅では家賃収入が得られます。

返済額相当の家賃が得られ、住宅ローンの返済においてオーナーの給与をローンの返済に使わずに済む。戸建て住宅を買った人は毎月10万円ほどの住宅ローンを支払うが、賃貸併用住宅を買った人には余剰資金が残る。

ただし、個人事業主や中小規模法人のオーナーの場合は事情が異なります。

給与所得者は住宅ローンの融資を容易に組むことができますが、事業主は戸建ての住宅ローンを得ることさえ難しいのが現状なのです。銀行は、個人事業主の収入を安定収入とみてくれません。極端な場合、年収のほぼ半分しか評価してくれないこともあります。事務所や店舗が必要となる関係上、その事務所の家賃も大きな負担となります。

事業主のデメリットは、

1　年収が安定していない

2　住宅ローンが組みにくい

3　より利便性の良い立地が必要

この三重苦を一度に解決するのが、住宅ローンを活用してつくる、居住用賃貸+事業用賃貸

＋自宅併設の建物です。

木造建物でも構いませんが、収益性を上げるためには、階数の高い鉄骨造建物が有効です。なぜなら店舗や事務所の場合、駅から徒歩5分の土地価格の高い商業地域（近隣商業地域を含む）とすることが多いためです。

「住宅ローンは自宅面積が延べ床面積の50％を超えなければならないのに、なぜ組むことが可能なのか？」

確かに、居住用賃貸＋事業用賃貸＋自宅併設の建物では、ふつう自宅部分の専有面積が50％を下回ります。それでも可能なのは、つまり、このような物件に理解を示し、住宅ローンを実行する銀行があるということです。事業主さんは経営者ですから、事業計画を作ることが得意なはずです。すぐに検討を始めてみてください。

もう一つのポイントは、事業用賃貸の家賃を建物の賃貸事業としての価値とみてもらえるということです。要するに、その建物内の事業用賃貸スペースが、近隣市場で月20万円の家賃相当ならば、その物件には、月20万円の安定家賃収入があるとみてもらえるのです。その結果、融資額が増額されるのです。

なぜならば、オーナーの事業、または会社がテナントとして、ずっと入り続けるからです。このような判断をしてもらうためには、過去の事業の実績や法人の継続年数が重要になります。

例えば過去数年間、第三者の物件に家賃を払い続けていた、などの事実が好材料と考慮されます。

他人に家賃を払うならば、オーナー物件に家賃を払ったほうが、より多くの資産がオーナーに残ります。この点を銀行さんが評価してくれるのです。これは、個人事業主の方や中小規模法人のオーナーの方にとって、非常に好都合な戦略なのです。

もしあなたが、個人事業主や中小規模法人のオーナーであれば、ぜひとも居住用賃貸＋事業用賃貸＋自宅併設の建物を検討してみてください。

創造的な事業では、収入が一気に上がるときもありますが、逆に無収入になる可能性もあります。それだけに、好立地の物件で継続して安定した家賃収入を得られると、精神的にも安定して、さらに本業に集中できることでしょう。

個人事業主が収益不動産を持つための戦略

サラリーマンは毎月の給与が安定しているため、銀行から融資を得やすいというメリットがあります。銀行の融資担当者としても、融資審査がやりやすく、実際に融資事例も増えています。

しかし、個人事業主や会社経営者の場合、サラリーマンに比べて簡単に融資が得られるわけではないのは、収益不動産のケースだけでなく、いま見てきたように個人としての住宅ローンでも同様です。

しかし、やはりどんなときでも諦めてはいけません。

事業主だからといって、収益不動産を持つことを諦めてしまうのではなく、一定の条件が満たせるように工夫を重ねれば、大きな成功につながるのです。それには、主に3つの必要条件があります。

1つ目は、事業主として、赤字の確定申告をしない。これは最低限必要な条件です。事業が赤字であると、銀行側は家賃からの収益を事業に使われてしまうと考えます。これでは、高額な不動産の融資を得ることは容易ではありません。その上、借主が赤字の事業を持っていたら、銀行はまず融資を承諾してくれません。

最低2年間、できれば3年以上黒字の確定申告を継続することが大切です。特に、事業収益が上がっているのに、あえて赤字にして税金の支払いを減らしている経営者がたくさんいます。このような場合、大きな額の銀行融資を得るためには、確定申告や事業計画を見直す必要があります。

2つ目は、より優良な収益物件（土地や建物）を見つけること。賃貸併用住宅のために銀行が融資を出すのは、半分は借主が住む住宅に対して、残りの半分は収益が得られる事業に対してです。ですから、賃貸事業で安定した家賃収入が見込めると明確に説明できることが大切です。

そのためには、より高い家賃収益を確保できる立地を選び、その土地をできるだけ相場よりも低い価格で取得し、入居者に好まれる建物を建築することです。いいものを安く仕入れて、高く売るというのは、商売の基本です。そうした努力が、事業主の不利な点を改善してくれます。

3つ目は、自己資金をより多く貯めておくことです。賃貸事業を始めるうえで、大きなハードルは銀行融資です。銀行は、営利目的の会社でもあります。利息が銀行の利益となります。そして、銀行が最も懸念することは、資金が回収できなくなることです。資金が回収できないと思われる賃貸事業には、当然のことながら融資が出ません。銀行は常に、より安全に資金が回収できるようにと考えています。そのため、土地や建物に抵当権を設定します。

ここで、同じ土地や建物、そして賃貸事業に融資を出す場合を考えると、より多くの自己資金を持っている人は、銀行からの借入額が少なくて済みます。自己資金の少ない人は、より多くの資金を借り入れなければなりません。銀行としては、自己資金を多く持っている人には、融資を優先的に出しやすく、自己資金が少ない人には融資を出しにくい現状があります。事業主は、サラリーマンより不利な立場だからこそ、自己資金をより多く準備しておくことが大切です。

以上の3つの準備を重ねておけば、事業主でも銀行から数千万円、または1億円以上の融資を得ることも不可能ではなくなります。

事業の安定化に役立つ賃貸経営

多くの事業主は、単年度で大きな利益を上げることはあっても、継続的に大きな利益を上げるのは難しいものです。それを会社の存続年数に関する統計で説明してみます。会社が設立された件数に対して、会社が倒産、または解散した件数の比率です（会社設立数－確定申告した会社の数）。

設立1年目で、60％の会社が倒産または解散
設立5年目では、85％の会社が倒産または解散
設立10年目では、94％の会社が倒産または解散
設立20年目では、99・7％の会社が倒産または解散

会社が設立されてたったの5年で85％もの会社が存在しないことになります。

設立から10年存続できている会社は、6％しかないのです。これほどまでに会社はうまくいっていないのです。さらに、存続しているわずかな会社でさえも、大半は黒字を維持できていません。つまり、黒字を継続できる会社はほとんどないといえます。

日本の会社の90％以上は、中小企業です。その中小企業の事業主がどれほど苦労をされているかが、はっきり見えてきます。この状況を銀行は熟知しています。そのため銀行は、金利の低い住宅ローンなどは特に、事業主に対して容易に融資を承諾してくれないのです。銀行は、貸した資金に利息をつけて回収することが目的ですから、赤字の会社、ましてや倒産の可能性のある会社の事業主にお金を貸し出すわけにはいきません。

しかし銀行の新たな流れとして、事業主に融資を出すという事例が出てきました。それもやはり、賃貸併用住宅に対する融資なのです。事業主の事業に対してではなく、優良な賃貸経営ができる見込みがある土地と建物に対して、銀行は融資を出してくれるのです。どれほど出してくれるのかというと、自己資金の10倍まで融資枠を承諾してくれる銀行も出てきました。これほどまでに銀行が賃貸経営事業を高く評価し、積極的に融資してくれているのです。

一般的に事業は継続が難しいものです。そして、賃貸経営以外の事業に対しては、500万円から1000万円の融資すら出ることはめったにありません。しかし、賃貸併用住宅では、自己資金の10倍ほど、金額にして1億円もの融資さえ出ることがあります。しかも、借入期間は5年や10年ではなく、住宅ローン並みの35年（条件次第で40年）になることもあるのです。

事業主は、変動する景気や為替、そして市場ニーズに左右されて、いつも窮地に追いやられています。だからこそ、毎月安定した家賃収入を確保しておくことが大切です。

しかし今現在のように、賃貸併用住宅を用いた融資がずっと得られるとは限りません。事業主は、今このときの貴重なタイミングを生かすべきです。

誰もができる優良な物件情報のつかみ方
～1日5分、不動産検索サイトで土地を探す

優良な土地情報が見つけられる簡単な方法が、1日5分、インターネットを活用した土地情報のチェックです。難しいことではありません。スマートフォンで、いつでも簡単に売却物件の情報を確認することができます。インターネット上で「土地情報」というキーワードで検索してみてください。

SUUMO、YAHOO!不動産、HOME'S、アットホーム、@nifty不動産など多くの物件情報サイトが見つけられます。物件情報がたくさん公開されているサイトであれば、むろん良い情報をつかむ確率が上がります。その中で、あなたにとって扱いやすいサイトを1つ選んでください。

「毎日5分」を欠かさず継続することが大切なので、自分にとって見やすいサイトを選ぶべきなのです。ここでのポイントは毎日欠かさずチェックすること。その理由は、良い物件情報ほ

ど、ネット上で公開されるとすぐに消えてしまうためです。

良い物件に買い手がついた場合、仲介業者及び、買主は土地情報を公開しておく必要はありません。または、購入意思を示した人が購入条件を交渉しているときに、後に続く購入希望者が登場して価格交渉の妨げになるのを防ぐために、土地情報の公開をやめてほしいと要望する場合もあります。

低価格の優良物件は誰もが欲しいものです。こういう土地情報を探している人は、世の中にたくさんいます。自宅用物件を購入したい人、投資用物件を購入したい目の肥えた人、仕事として売買の仲介に携わっている人、等々です。

ごく普通の人がこの優良物件情報の争奪戦に勝ち抜くためのコツが、1日5分のチェックを継続することです。毎日土地情報を見続けることで、良い土地とはどういうものかがつかめてくるものです。

これは不動産販売業者の業務を見てもわかります。土地情報をインターネット上に公開するのには、一定の時間がかかります。一番初めに購入希望を出した人が、逆に情報公開の停止を希望しても、その手続きに一定の時間がかかるのです。そのため、停止要請を出しても最低でも1日間は、情報が公開されたままになります。毎日毎日、土地情報を見続けている人はそれほどたくさんいません。それを毎日継続するコツは、あなたが見やすい土地情報サイトを選ぶことと、毎日のチェック時間を減らすことです。希望する土地情報の条件を絞り込むことで、1日5分でも十分に必要な土地情報をチェックすることができます。

さらに土地情報は日本中で無数にあるので、希望エリアを限定することで時間が短縮できます。それによって競合となる人を減らせるのもメリットです。土地情報を絞り込む条件としては、

1. エリアを絞り込む（希望する路線、駅など）

2. 駅徒歩7分以内とする

3. 土地の価格を指定する（購入できる価格以下とする）

4. 土地の広さを指定する（希望する建物が建てられるサイズ以上とする）

以上の4つだけでも、じゅうぶんな絞り込みができます。

これだけなら毎日5分以内でチェックできてしまうでしょう。良い土地情報が見つからないと悩んでいる人、週末に数時間をかけて優良な土地情報を探している人にお勧めの方法です。

毎日5分間だけ土地情報をチェックすることで、優良な物件情報が掲載されるのがほんの一瞬だけであったとしても、最短で優良な土地情報を見つけられます。そして、その土地情報を自分のものにするためには、次の3つの事項を確認しておくべきです。

1. 購入希望物件を明確にしておく
2. 資金調達力を把握しておく
3. 不動産知識を高めておく

以下、一つひとつ説明してみます。

1. 購入希望物件を明確にしておく

良いと思った物件については、土地に関する詳細な情報を請求する必要があります。

このとき、もしあなたの目標が明確でなければ、販売業者の担当者から真剣に向き合ってもらえないかもしれません。優良な土地の場合は需要が高いので、売り手主導で効率よく業務が行われます。つまり、土地を購入したいけれど、悩む時間が長い人や、意思表示のコメントがあいまいな人に対しては、担当者も時間を割かないものです。

1番目に購入希望を出した人があいまいな人で、2番目に購入希望を出した人が明確なコメントをしていたら、2番目の人と契約の締結を進めてしまう場合もあります。特に優良な物件が出てきた場合、「この土地はいいと思うけれど、他の土地も見てみたい」といったコメントは禁句です。買主が悩んでいる時間を、販売業者は待ってはくれません。

せっかく優良な土地情報を見つけたとしても、目標設定が明確でなければ、チャンスをものにすることができない恐れがあります。今からでも遅くないので、購入する物件を明確にしてください。

2. 資金調達力を把握しておく

不動産物件を取得するには、購入資金が必要です。販売業者も資金のない人は相手にしません。売主や販売業者は、売買契約を締結する前に、買主が資金を払える人であるかどうかを確認してきます。もっとも、購入資金と言っても現金を準備しておく必要はなく、銀行から購入資金を融資してもらえる人かどうかの話です。

これから物件を取得しようとしている人は、どれだけの手持ち資金があるのかを知り、銀行からどれほどの融資を得られるのかを知っておく必要があります。

また、実際に銀行に融資を依頼するときは、購入物件の規模と収支計画を明確にしておくことが大切です。その結果、あなたが購入できる物件の規模（価格）が明確になってきます。

土地探しに熱中して、優良な物件情報にたどり着いたとしても、購入資金が足りないのでは、その物件を自分のものにできません。土地探しの前や土地探しと同時に、自己資金を確認しておくべきです。さらに言えば、銀行からより多くの資金を融資してもらうためにも、複数の銀行に相談をしてみることも必要です。物件を購入するに当たり、自分がどれほどの資金を準備することができるのかを知ることで、目標となる物件の価格が明確に見えてきます。これにより目標設定を見直すこともできます。

銀行から資金融資の快諾を得られない場合には、融資実績を多く持つ専門家に相談するのも一手です。

3. 不動産知識を高めておく

不動産を購入する際、不動産経営の基本的な事項を熟知していることが大切です。不動産用語を理解していること、不動産経営（賃貸経営）に関してオーナーが行うべき基本的な事項を知っていること、問題が発生したときの対処方法を知っていること、不動産業界の慣習を知っていることなどは、とても重要です。

書籍などで知識を吸収するだけでなく、実際に不動産業者と話してみて知識を習得する人もいます。優良な物件情報を見つけたときに、物件の買主として最低限の知識がないと、大きな失敗をしてしまうことになります。また、不動産用語を何も知らない人が購入希望を出しても、販売業者が丁寧に説明や指導をしてくれるとは限りません。業者は丁寧に指導をして時間をかけるくらいなら、2番目に購入希望を出した知識のある人と契約を締結したほうが効率的だと考えることでしょう。

優良な物件情報を見つけ、自分のものにするために、1．購入希望物件を明確にしておく、2．資金調達力を把握しておく、3．不動産知識を高めておく。この3つに関する準備を確実に行っておくべきです。

この3つができていれば、スムーズに不動産売買契約の締結までたどり着くことができます。チャンスはあっという間に過ぎ去ってしまうものです。

お金がない人こそ、すぐに学べ！

一般の人が確実に成功するには、実際に成功できている方法を確実に知ることに尽きます。この「一般の人」には、普通のサラリーマンだけでなく、個人事業主も含まれます。

ここでは、自己資金がない人に特に取り組んでもらいたいことについて記します。

まず、自分自身の資産についてしっかり把握しておいてください。自由に使える現金がないこと、銀行から融資を引き出せるほど年収が多くないことや、担保になる不動産がないことを悔やむ必要はありません。ただ「ない」ことを確認しておくだけでよいのです。ないことは珍しいことではありません。世の中の大半の人は準備ができていないものです。多くの人の問題点は、実は「ない」ことを自覚していないことなのです。

そして、ないことを自覚したら、資金がない人でも成功できた事例を見つけることです。インターネットで情報を集めること、本や雑誌を読むこと、そしてセミナーに参加することなど、成功事例を集める方法はいくらでもあります。自己資金がなくても成功できた人の事例が集まったら、彼らがどのように資金を準備したのかを整理してみましょう。大半の場合、汗をかき、人並み外れた苦労をしているものです。例えば、

・他の人に負けないほどの節約術。
・普通のサラリーマンがやらない夜の仕事。
・頭を使った小銭づくり。
・1年または3年以内の資金の積み立て。

資金がゼロでも不動産投資はできるのですが、ゼロから成功させるためにはなんらかの工夫をする必要があります。どのような工夫が必要なのか、どのような工夫だったら自分にもできるのだろうかを調べて、それを実際にやってみることが大切です。

世の中の情報を調べること、成功者から話を聞くこと、実際にやってみること、これらすべてが学びです。資金がゼロだからこそ、今すぐに学ぶことが肝要と言えます。

地方都市でも賃貸併用住宅は有効

地方都市でも、賃貸併用住宅を活用しての資産形成が可能です。東京と同様に地方にも賃貸

住宅に住んでいる人は多く、じゅうぶんな需要があります。

ただ、地方での賃貸経営は簡単ではありません。地方で不動産経営をしているライバルの多くが、地主さんだからです。地主さんはすでに土地を持っているため、収益物件の取得には、建物費用しか負担しません。一方、これから収益物件を持とうという人は、建物の取得費用に加えて土地の取得費用がかかります。土地の取得費用がかかる分、受けた融資の返済額がより大きくなります。その負担があるため家賃を低くすることができません。

こうした理由で、地主ではない人が賃貸併用住宅を取得して賃貸経営を行うのは、簡単ではないのです。誰もが地方の土地を購入し新築建物を建てて、不動産経営ができるわけではありません。それでも地方都市において収益物件を取得し、成功をつかむ戦略はあります。繰り返しになりますが、それには個人用の住宅ローンを活用するのです。

そのメリットは、主に3点です。

(1) 木造住宅でも35年間の長期間借り入れができる

地主さんが使うアパートローンは借入期間が主に25年ですので、これに比べ返済期間が10年間(1・4倍)も長くなります。借入期間が長い分、毎月の返済額を軽減できるのです。
例えば、3000万円を金利2%で借りた場合、
25年間の借入期間(元利均等返済)では、毎月の返済額が約12万7000円

35年間の借入期間（元利均等返済）では、毎月の返済額が約9万9000円

（＊元利均等返済とは、毎月の返済額が一定である返済方法です。）

よって、毎月約2万8000円負担が軽減されます。

(2) アパートローンに比べて、低い金利で借り入れができる

住宅ローン金利が0・8％という銀行も複数あります。それに比べて、アパートローンの金利は通常1・5～2・5％ほどです。

25年間のアパートローンでは、金利2・0％で毎月の返済額は約12万7000円

35年間の住宅ローンでは、金利0・8％で毎月の返済額は約8万2000円。

よって、毎月約4万5000円もの負担が軽減されます。

(3) 住宅ローン控除の制度を活用できる

住宅ローン控除の制度は、借入限度額4000万円につき、控除率1％、期間10年間で、各年40万円の税額控除があります。給与所得から年間40万円以上の源泉徴収をされている人は、年末調整で40万円が戻ってくるという仕組みです。

ただし、年収、借入額、そして既定の建物制限がありますので、活用する場合は専門家に事前確認をしてください。この住宅ローン控除の制度を上手に活用できると、年間40万円、毎月約3万3000円もの負担を軽減できます。

（1）と（2）のローン返済の負担軽減の効果と、（3）の住宅ローン控除制度の効果を合わせると、毎月約7万8000円もの負担が軽減されます。このメリットを活用して、地主さんと対等になれるのです。

競合となる地主さんを超えるには、さらに次の3つの工夫をするべきです。

（ⅰ）本業の給与収入で生活をし、家賃収入は貯金する

地主さんの多くは不動産賃貸業が本業となっており、家賃収入から生活費を差し引かなければなりませんが、サラリーマンは本業が別にあるため、賃貸物件からの収益は預貯金に回すことが可能なはずです。

（ⅱ）立地選びと建物設計に、若者のアイデアを取り入れる

地主さんは年配の人が多く、また所有する建物も多く、1部屋ごとの思い入れがどうしても薄れがちです。それに比べて、これから始める賃貸併用住宅のオーナーの年齢は比較的若く、1部屋ごとに強い思い入れを持って、土地を選び、建物を設計することができます。この思い入れは、賃貸経営で成功するために、とても大切なことです。

（ⅲ）物件の管理において、地域1番になる

地主さんの場合、物件と自宅との物理的距離が離れているケースが多く、例えば掃除が行き届かないケースが多々あります。しかし、賃貸併用住宅のオーナーは、ご自身が毎日使用する庭や通路が賃貸物件の共用部と同じですので、自宅を掃除することが収益物件の共用部の掃除をすることにつながります。自宅の掃除が物件の管理作業となるため、とても効率的に、入居者の満足度を高めることができるのです。

住宅ローンで賃貸併用住宅を取得することにより、このようなメリットも生まれます。これは、地主さんには到底なしえない戦略の一つです。地方においてこれから自宅を取得しようとしている人は、過去の一般常識そのままに戸建て住宅を選ぶ前に、賃貸併用住宅の取得を検討してみるようお勧めします。

入居者は年々増加！　賃貸経営の未来は明るい

賃貸経営者の見地からすれば、日本の人口減少は不安材料となります。そんな中、明るい話題は『世帯数の増加』です。人口が減少しているのだから、賃貸経営は危ないというのが一般的な考え方です。

しかし面白いことに、世帯数の増加を見れば、むしろ今こそ、不動産経営を始めるタイミングと言えるのです。賃貸併用住宅を貸す単位は人の数ではなく、世帯の数です。

1世帯で4人暮らしの家族が減ったとしても、ここから2人の子供が独立し、同時に単身住まいとなれば、世帯数は3世帯となります。

一般世帯数のデータ
（平成27年までの日本の世帯数の推移）

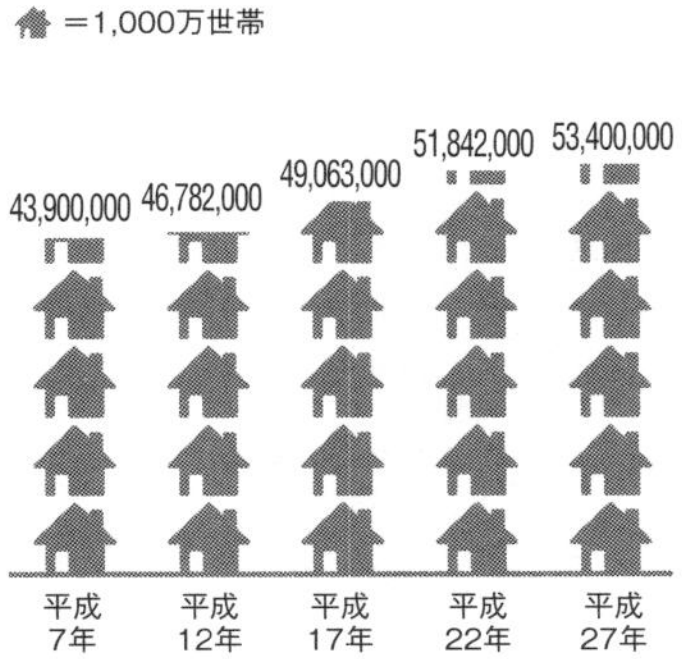

（以上データの引用元
http://www.stat.go.jp/data/nihon/02.htm）

東京都世帯数の予測 平成26年3月

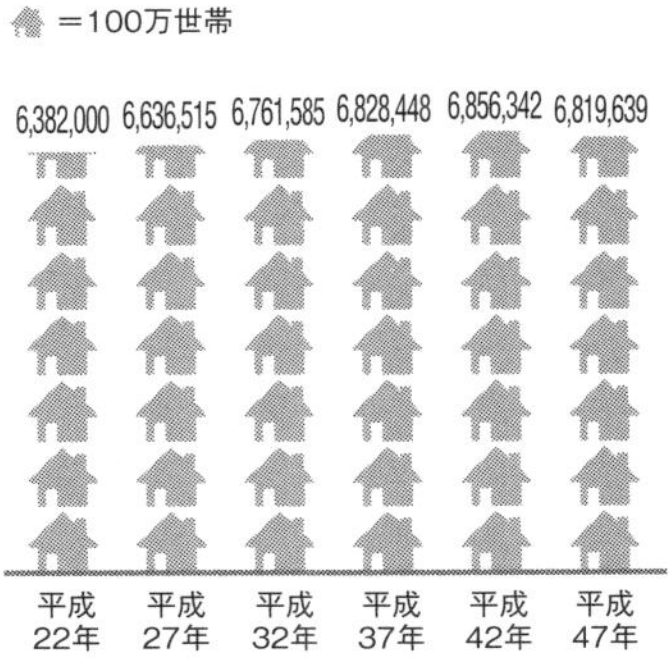

（※平成22年のみ実測）

上の左図のように日本全体の世帯数は20年間で1・2倍に増えています。

次に将来の予測を見てみましょう。

上の右図は平成22年（2010）から平成47年（2035）までの東京都世帯数の予測データです。図のように東京都内の世帯数は20年間増加し続けます。その要因は過疎化が進む地方から利便性の高い都心への移住、核家族化、単身化、2人住まいの需要増加です。これらが、人口減少を上回っているのです。これこそが見落とすことのできないデータと言えます。

そして、建築業界ではオリンピック後に需要が減り、建物の新規着工件数が減少するとの予測があります。この予測通りになるとしたら、オリンピック後も東京の世帯数は増加するのに、新築物件が減ることから賃貸経営の可能性が残されています。

さらに別の視点から言うと、今でも2人住まいの需要に対して物件が足りていません。インターネットで、1DK、1LDKの賃貸物件を探してみてください。その数の少なさに驚くはずです。今後の核家族化、単身世帯化に並行して、2人住まいの需要は増加します。これは大きなポイントの一つでしょう。これから物件を新築して賃貸併用住宅経営を始める人は35年のローンを組むことができます。このローン期間中に、世帯数が減ってしまうのではと心配になりますが、先に記した通り、現在の予測は『この20年間は世帯数が増加する』と発表されています。さらにその15年後、今から35年後も世帯数は現在と大きく変わりません。

ただし、今から50年後の予測となると、人口減少と共に世帯数も減少することが予想されます。それでも、今後5年から10年以内に賃貸併用住宅を取得したならば、世帯数が減るころまでにはローンの返済が終わっていますから安心です。その時はすでに、家賃が3分の2となっても、2分の1となっても収益を見込むことができます。

現状、日本中で世帯数が増加しています。なかでも、東京都はこれから20年間は世帯数が増加します。多くの人が委縮して新たに収益物件を取得できないこの時期だからこそ、成功者とそうでない人との差が出るのです。適切な数字を見て、将来の成功をつかむために新たな一歩を踏み出すチャンスです。このデータを忘れることなく、夢のある目標を立てることをお勧めします。

所得が先細る前に先手を打つ

現状の収入レベルを20年後も維持することは、とても難しいものです。みなさんの年収も例外ではありません。

年間所得が減っているのに、大半の家庭では減収の数値管理ができていません。所得が減少しても、支出を減らさない家庭がたくさんあるのです。減少する所得に対して、支出を減らすだけでは長期的な未来はありません。昨日より今日の生活が乏しくなり、今日より明日の生活が乏しくなることは、素晴らしい人生とはいえません。

世界中で労働者にとってつらい状況が起きています。

「1996年以来、中国単体での製造業の雇用は、25％の下落。一方、中国の生産高は70％上昇」

これが何を意味しているかというと、製造業としては世界で多くのシェアを占めている中国でさえ、雇用が減少しているということです。中国での25％の下落は、3000万人の雇用の減少を意味します。原因は、オートメーション化です。人の労働力が、ロボットにとって代わっています。これは中国だけでなく、世界中で起きている現象です。ブルーカラーの作業だけにとどまらず、今後はホワイトカラーの業務もパソコンソフトにとって代わられる見込みです。

つまり、今の従業員の地位は、ほとんどが危ういのです。今後、収入減対策を講じる必要があります。所得を増やす必要があるのです。そのとき、本業以外に副収入を得ている人は、そうでない人に比べて、多くの可能性を持つことができます。

賃貸併用住宅経営は、その一番の対策になると考えられます。

1. 家計収支の管理

2. 新たな収入源の確保

そのために、なにが一番効率的であるか、真剣に考えれば自ずと答えは明確になります。これから先は所得が先細ることがほぼ確定的だからこそ、今のうちに手を打たなければならないのです。

第3章

100%満室になる物件は「土地」で決まる!

~素人にもできる「儲かる土地」を探すテクニック~

人気のある駅近の土地

賃貸経営ではなにより立地が大切です。特に入居者にとって利便性の高い立地は人気があります。そうした立地にある部屋は、なかなか退去されにくく、空室になってもすぐに次の入居希望者が現れます。利便性の高い立地の条件は、やはり「駅から近い」ということ。このような物件には、通勤や買い物などで生活がしやすいという大きなメリットがあります。

試みに駅から近い土地とそうではない土地とを比較してみましょう。駅徒歩5分の土地と、駅徒歩15分の土地では、明らかに駅徒歩5分が良いのはわかります。しかし、注目すべき点は駅徒歩5分の土地価格が圧倒的に高いという点です。

駅から離れていくにつれて土地の価格が下がっていく傾向があるため、より安い土地を探していくうちに駅から遠く離れてしまったというのはよくあることです。これが戸建て用地ならば、購入者が駅までの通勤時間を我慢することで、何ら問題はありません。

しかし、賃貸経営ではそうはいかないのです。同じ広さで建物の同レベルの設備の部屋を比較して、駅から徒歩5分の立地と徒歩15分の立地では、家賃設定が大きく異なります。また、駅から遠くなればなるほど空室率も高くなり、家賃収入が大きく減ってしまいます。条件の悪い部屋は入居者に選ばれないのです。

人気のない部屋はその後ずっと選ばれることなく、家賃収入が途絶えてしまいます。結果、赤字経営となり、ローン返済もできなくなり、その物件を売却しなければならなくなるかもしれません。さらに物件を売っても借り入れた元金を完済できない場合は、自己破産の可能性も生まれます。土地の価格が安いからといって、簡単に駅から遠い土地を選んではいけません。

オーナーが少しでも不便だと思った点は、入居者も同様です。たとえ土地の価格が安くなっても、駅から遠い土地を選んではダメなのです。それが将来、致命的なデメリットになります。

駅徒歩7分以内の土地だけを狙う

日本全体の住宅地のうち、東京都の住宅地の割合はたったの1％に過ぎません。しかし、不動産経営を始めるに当たっては、最初は東京の土地を確保することをお勧めします。

東京は世界トップレベルの鉄道網が張り巡らされていて、自家用車がなくてもじゅうぶんに生活ができる街です。駐車場がない賃貸物件でも満室を確保できます。これを前提に、駅徒歩5分の土地と駅徒歩15分の土地を比較します。

東京都の面積は、２１８８㎢。

東京23区の面積は、６２２㎢。

23区の面積は東京都全体の約30％です。23区内はほぼすべてが住宅用地です。

東京都の住宅用地は日本の住宅用地の1%であり、23区は東京都の1／3に当たるため、結果として、23区は日本の全住宅地の約0・3%に相当します。そして、23区内にある駅の数は、495駅。23区という狭い面積の中に、495駅もあるエリアは世界でもここしかなく、とても希少価値があります。

次に駅からの徒歩圏を調べるに当たり、宅地建物取引業法のルールを援用します。

この法律では、80mを徒歩1分と表記するとの定めがありますので、駅徒歩5分は、80m×5（分）＝400mとなります。

駅徒歩5分以内の立地を面積に表わしてみます。小学校で学んだ円の面積の計算を思い出してください。円の面積＝半径×半径×3・14でした。ここでは、ゆとり教育の数値を用いて、円周率は3・14ではなく「3」として計算してみます。

駅徒歩5分以内の立地の面積は、400m×400m×3＝48万㎡（＝0・48㎢）

駅徒歩15分以内の立地の面積は、1200m×1200m×3＝432万㎡（＝4・32㎢）

駅徒歩5分に比べて、駅徒歩15分は歩く時間を比べると3倍の差ですが、面積でみると9倍もの差が出てしまうのです。

駅徒歩15分にも住宅がたくさんあるから入居者が見つかるだろうと、安心してはいけません。

賃貸経営用地として考えれば、駅に近いライバル物件よりも魅力のない、とても危険なエリアとなります。競合する駅徒歩5分の賃貸アパートと比べて、9倍も不利な立地であると理解してください。逆に、駅徒歩5分は便利な代わりに、商店街、飲食店街が近いため、静かな環境で睡眠をとるには、辛い場合もあります。

駅徒歩7分以内の立地の面積は、560m×560m×3＝94万800㎡（＝0・94㎢）

駅徒歩10分以内の立地の面積は、800m×800m×3＝192万㎡（＝1・92㎢）

そのため、土地選びにおいては、価格から見ても駅徒歩5分から10分以内がベターで、今後の人口減少を見込んで7分以内がベストな土地だということになります。

土地価格の適正さを見極める方法

不動産を購入するときにまずチェックすべきポイントは、土地の適正価格です。どんなに良い立地でも、その土地の相場以上の価格で購入すべきではありません。そのために土地の価値を的確に見極める必要があります。

不動産投資の初心者でも、土地の価値を簡単に見極められる方法があります。公示地価（＝公示価格、地価公示）をチェックすることです。これは、国土交通省・土地総合情報ライブラリーで確認できます。http://tochi.mlit.go.jp/kakaku/chikakouji-kakaku

公示地価とは、法令に基づき国家機関などにより定期的に評価されている公的な地価のうち、個別の地点、適正な価格が一般に公表されているもので、公示地価法により定められています。公示地価法については、電子政府（イーガブ）の次のサイトで確認できます。

http://law.e-gov.go.jp/htmldata/S44/S44HO049.html

評価の基準日は1月1日で、国土交通省土地鑑定委員会から、毎年3月下旬ごろに公表されます。左記の国土交通省・土地総合ライブラリーで、最新のデータが確認できます。

http://tochi.mlit.go.jp/kakaku/chikakouji-kakaku

その年の全国的な評価を確認する以上に大切なのは、これから購入する土地の土地評価額を知ることです。初めての人が賃貸併用住宅経営を成功させるには、安くて良い土地を購入する必要があります。

「この土地は公示価格と同等だから、地域の販売価格よりも特に安い土地です」という不動産業者のセールストークがあります。確かに実際の販売価格は、公示価格よりも高くなる傾向にあるのが一般的です。

しかし、一般の人が通常の価格で購入できるような土地を取得しても、安い土地とは言えず不動産賃貸業で成功することは難しいでしょう。

「地域の公示価格よりも低い価格で土地を購入する」ことが、成功のポイントなのです。

それには、低い価格の土地を見つけるための工夫が必要になります。**「入居者から見て魅力**

的な立地」、かつ**「その立地条件の中でも価格の低い土地を購入する」**。土地を取得して不動産経営で成功するには、この2つの条件を満たす土地を探すよう心がけるべきです。

賃貸スペースは2人住まい向けに想定せよ

最近、賃貸経営について積極的に学んでいる女性が目立ちます。男性に比べて女性のほうが、住まいに長く滞在する傾向があります。料理、洗濯、お化粧など、住まいの設備を使いこなしているのも女性です。そのため、女性は男性よりも、居住空間にとてもこだわりが強いものです。特に男女2人住まいの場合、入居申し込みの決定権は女性にあります。

特に2人住まいをターゲットとする1LDKの収益物件を取得するときには、女性入居者に好まれるように気を使うべきです。こうした物件を企画するときは、建築計画時に女性の意見を取り入れるべきです。さらに、女性のオーナーが物件の企画を行うと、コストがかからずに、おしゃれでかつ機能的になりやすい傾向があります。

女性入居者の気持ちがよくわかる女性のオーナーは、大家さんに向いています。古い慣習を引き継いでいる不動産業界は、まだまだ男性色が濃い社会です。そんな中で、女性が収益物件を企画し、運営する試みはとても有効です。女性オーナーは、賃貸経営を成功させやすいといえます。男性もまた、女性の感性・センスに敏感になることで、賃貸経営を成功させることができるようになります。

徹底的に需要過多の2人住まいを攻める必勝パターン

私自身、いろいろな種類の不動産投資物件を取得して気がついたことは、ワンルームマンション投資の場合、手もとに残るお金が少ないことです。そして、中古アパート投資は当初こそ利回りは高かったものの、問題は修繕の出費と時間がかかることでした。

・ワンルームマンションは収益が少ない

例えば、東京都中野区の新築ワンルームの場合、家賃収入からローンを差し引くと、手もとに残るのは月1万円以下。税金などの支払いがあり、結果として赤字でした。

・中古アパートは修繕費がかかる

キッチンやトイレなどの水回りやエアコンの設備の修繕費用がかさんでしまって、一向に利益が上がりませんでした。ここで気がついたのは、ワンルームも、中古アパートも儲からないということです。そのうえ、ワンルームマンションの供給数が多いため、時間とともに家賃が下がっていきました。所有物件の数は順調に増えていたのに、手もとに残るキャッシュは思うように増えていかなかったのです。

そして、悩んだ末にたどり着いた解決策が、入居者の気持ちを汲んでみることでした。

「2人で住みたい人が大勢いるのに、2人住まいの物件が少ない」

ここに気づいてから、収益は急上昇しました。必勝パターンは、2人住まい部屋だったのです（第2章80ページも参照）。日本のアパートのワンルームや1Kの部屋の広さは、ほとんどが1室20㎡ほどで、2人で住める30㎡くらいの部屋の数が少ないのです。一方で、新婚、カップル、友人同士など、2人で住みたい賃貸ニーズは意外と多いものです。家賃が折半できるなどの理由からですが、既存の物件では狭すぎてそのニーズを満たせないのです。私は、2人で住める広めの2人部屋を提供すれば、このニーズを独占できると考えました。

〈2人部屋の魅力〉

・家賃が高い

2人部屋の広さは、1室30～40㎡と見積もる。既存物件の2倍の広さがある分、家賃を高めに設定できます。

・2人で暮らせる部屋は希少物件

例えば、東京では2人部屋が極端に少ないため、潜在的ニーズは高いといえます。

・不況であり、節約を望む借り手が多い

個別に住むより2人で住むと家賃のほか、光熱費や生活費の節約にもつながります。不況の昨今、節約できる2人住まいの借主はさらに多くなるだろうと見込まれています。

お勧めする必勝パターンは、家賃相場の下落の影響を受けない２人部屋なのです。

購入してはいけない土地の簡単な見分け方

賃貸併用住宅経営では、長期間安定して収益を上げることが求められます。収益だけでなく、入居者が快適に生活できるような部屋作りをすること、建物の維持管理を継続することが大切です。

建物に関して耐震性は年々向上していますが、どんなに建物を強固にしても津波には敵いません。自然災害について、津波の危険がある地域だけでなく、都内の内陸部でも注意しておきたい地域があります。それは、崩壊の危険性がある急傾斜地です。

都内の２９７３カ所の急傾斜地崩壊危険箇所のうち、例えば山のある八王子市に４８１カ所があります。そのほか、23区に５９２カ所、世田谷区は57カ所です。危険箇所の具体的な地名と、危険箇所に指定された日が公開されています（左記の参照資料より）。

例えば、人気の杉並区の中でも、堀ノ内地区がそのエリアに指定されています。また、北区赤羽西地区には４カ所の指定があります。

土地を取得する前に、事前に急傾斜地崩壊危険箇所が近くにないことを確認してください。そして、水害が記載されているハザードマップと同様に以下の資料を参照してください。そのうえで設計士、施工業者などに役所への再確認をしてもらい、しっかりとチェックをしてもらいましょう。

（参照資料）

●急傾斜地の崩壊による災害の防止に関する法律：

http://www.houko.com/00/01/S44/057.HTM

●東京都の全体の土砂災害危険箇所マップ（東京都索引図）：

http://www.kensetsu.metro.tokyo.jp/jigyo/river/dosha_saigai/map/SakuinALL.html

●東京都の全体の土砂災害危険箇所マップ（世田谷区索引図）：

http://www.kensetsu.metro.tokyo.jp/jigyo/river/dosha_saigai/map/Tokyo/Sakuinzu/html/Tokyo14.html

●八王子市役所の急傾斜地崩壊危険箇所のデータ：

http://www.city.hachioji.tokyo.jp/dbps_data/_material_/localhost/soshiki/bosaika/keikaku/keikaku_bessatu/shiryo_0722.pdf

なぜ賃貸経営を始めるのか？

賃貸併用住宅経営を始めることは、リスクもあり、人生の中で大きな決心が必要です。この決心をつけるには、なぜ始めるのかをきちんと考えておくことです。

特に、私が体験し提案している「土地を取得して、賃貸併用住宅を建て、賃貸経営をする」ことで成功を収めた人は、自分で考え、判断し、実行した人でした。検討を始めるとき、大きなきっかけや絶対的な「何故」を見つけられた人は幸せですが、見つけられなくても、とにかく走りながら考えようというスタイルでもじゅうぶんです。

何故始めたのかを適時に見直し、足りないものを修正していけば良いのです。

ある経営者講座の指導者が言っていたことに同感しました。それは「ハードルが高いことほど、難しく時間がかかるものほど、きっかけは何だったのか自分で認識し、何故始めたのかを自分で考えるべきだ」というものでした。

賃貸併用住宅経営でも、同じことがいえます。賃貸併用住宅を取得しようと思っても、その思い立った時点から実行するまで2年～3年かかる人が多数派だからです。いえ、それ以上の時間がかかる人もいるでしょう。自己資金を作るために10年かかることも少なくありません。私の場合、1000万円を作るのに10年かかりました。

資金作りのほかに、土地や建物の法的な制約がある、家賃・収支が合わない、銀行融資が得られないなど、不動産取得前にたくさんの苦労があります。

賃貸併用住宅経営を始めるときに、「きっかけや、なぜ始めるのか？」をもう一度、考えてみてください。身近には情報源として、インターネットや新聞のニュースがあります。明日何が起こるかは誰にもわかりません。すでに始めている人は、もう一度振り返ってみてください。これを行うと何がよいかというと、物件取得を諦められなくなるのです。

例えば、リストラを恐れてその対策をしようと検討を始めた人は、この副収入を作ることをやめることによって、今度はリストラは仕方ないと認めることにもなります。しかし、物件取得を諦める理由が「なかなか土地が見つからないから」ということだけで、リストラを受け入れることになるのは本末転倒です。

「なかなか土地が見つからなかったけれど、土地情報を1日5分探すことだけは続けようと思ったら、続けられた」という言葉は、実際に3年の月日を経て賃貸併用住宅を取得した人の声でもあります。

私の場合、「何故始めたのか?」は、

- **年金不安**
- **会社の倒産/リストラ**
- **給与停滞不安**
- **突然の病気**

でした。

物件を取得するまでに苦労しましたが、突然の病気や死、そして、それによる家族の苦労を受け入れることに比べれば、賃貸併用住宅の取得にまつわる壁や苦労は大したことではありません。

もう一度、今ある不安を打ち砕くためにも、あなたの身の回りにある「賃貸経営を始めたきっかけ」や「なぜ賃貸経営を始めたのか」を考えて、ノートや手帳、貼り紙に書き落としてください。これにより、安易に諦めることがなくなります。諦めない限り、成功をつかむことができるのです。

第4章

この土地いただき！焦らず素早くコマを進める奥義

～自分でやるからスピードが速い～

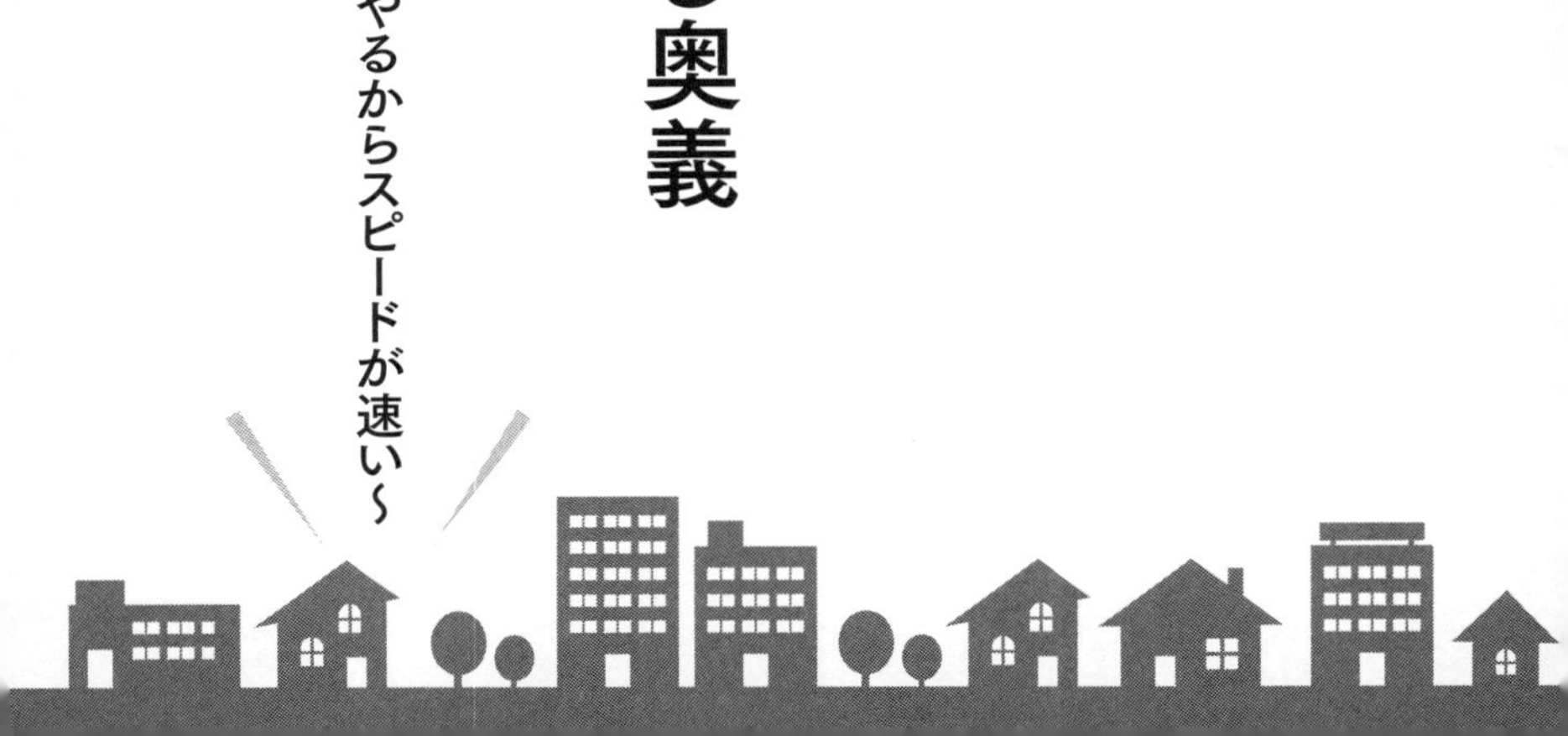

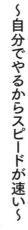

土地を安く買い、家賃はできるだけ高く

土地購入価格として、東京の世田谷区、目黒区や杉並区などで賃貸併用住宅経営を始めるのに適した土地価格は、坪単価150万円以下です。近隣に坪単価200万円の土地が売りに出ているような地域なら、それよりも25%以上低い坪単価150万円以下の土地を探したいものです。

坪単価200万円の土地は30坪では6000万円です。これでは高すぎます。土地価格に建物費用を加えた初期費用を調達しようと銀行に融資を依頼しても、融資を受けることができないでしょう。

賃貸経営で良い収益を上げるためには、より高く募集家賃を設定しなければなりません。しかし、地域の土地価格の相場と同様に、その地域の家賃相場があります。その地域の家賃相場を無視して、高い家賃で募集をしても、なかなか入居の申し込みが得られることはなく、空室（＝家賃収入ゼロ）となってしまいます。土地購入価格はできるだけ低く、家賃はできるだけ高くという目標の下で、うまくバランスをとることが重要です。

このバランスを適切にコントロールできる人だけが、成功をつかむことができます。

土地価格が高いものはたくさんありますが、銀行の融資が不可能なため、購入できません。

とはいっても（地域の相場に比べて）、より低い価格の土地はなかなか売りに出されません。そして、低い家賃で入居者を募集すると、入居者がすぐに見つかりますが、ほとんど収益が出ません。といって高い家賃で募集すると入居者が見つからず、空室となるリスクがあります。

地域ごとに土地価格と家賃の最適な価格は異なるのです。

この最適点を見つけるためには、

1．地域の土地相場を熟知すること

2．地域の家賃相場を熟知すること

3．土地相場も家賃相場も変化することを知り、継続的にチェックすること

世間相場を知らなければ、賃貸経営で失敗してしまうことでしょう。土地相場や家賃相場についてはは、インターネット上で手に入れられます。

「駅名」＋「家賃相場」で検索をしてみてください。これは、賃貸併用住宅経営を始めるうえで、最低限必要な作業ともいえます。この作業に加えて、賃貸経営で多くの成功事例のある経験者に相談して、判断が間違っていないかを確認することも効果的です。

相場より25％も低い価格の土地は売りに出されないと思われがちですが、あながちそうでもありません。そのため、先にお勧めしたように、日々、不動産販売情報サイトを継続して見続けるのは非常に重要かつ有効な作業となります。1日5分で良いのです。賃貸併用住宅経営で成功するには、土地価格と家賃設定との最適なポイントを見極めることが第一。これがまさに、成功の原点と心得てください。

賃貸併用住宅経営の基本、少ない支出で多くの収益をあげる

賃貸併用住宅経営を安定させる基本は、家賃収入がローンの返済額を上回ることです。ローンの返済額を下げるには、まず土地の購入費用を抑えることが大切です。特に、東京以外の土地を買うときは注意が必要です。東京を離れたところでは家賃収入が減り、空室率が高まる可能性が高いからです。

どんなにいい部屋を準備しても、地域の「家賃相場」には勝てません。家賃相場が下がると高い家賃を維持できなくなります。しかし、家賃を低くすればいいわけでもなく、家賃を下げると競合が増え、空室リスクも高くなります。家賃相場、空室率、優良な入居者層には最適点があります。そのポイントを探すことは決して難しくありません。インターネットで簡単に競合の情報を得られます。

2つ目は、建物費用を抑えること。

例えば、1億円もするマンションでも、入居者が見つからない事例があります。家賃が高く、空室となる物件ほど、無駄なものはありません。2人暮らしをターゲットにした場合なら、1

人当たりの家賃設定は、まず6万円。この程度の家賃は支払えない額ではありません。

現に東京以外の地方でも1人当たり6万円程度、2人で借りてもらって月12万円、といった家賃設定の部屋がごまんとあります。2人合わせて12万円はそんなに高い家賃ではないのですが、それ以上の金額だと一転、住宅ローン返済額との比較で、賃貸よりも所有した方が良いと判断されてしまう可能性があります。

あまりに建物に費用をかけすぎての、高い家賃設定の部屋では安定経営が難しいのです。ですから家賃から逆算して収支に見合うように建築コストを抑えるべきです。

3つ目は自己資金を増やして、相対的に借りる額を減らすことです。土地価格、建物費用と違って見落とされがちなのが、ローンの返済利息です。3500万円を、金利1・5%で35年ローンとすると、総返済額が4500万円となり、利息だけで1000万円の返済となります。当初の借入額よりも1000万円も多く支払うことになるのです。

しかし、自己資金を多く入れることで借入額が減り、その返済利息も減らすことができます。返済利息という無駄な支出はなるべく減らしてください。

何事も冷静に分析し、支出を減らして、利益を上げる工夫をしましょう。

口先だけの管理業者ではなく、実行力のある業者と付き合う

収益物件を取得した後、安定経営のために重要なことは物件の管理です。

土地建物取得や銀行融資の時の作業と比べると、建物管理は甘く見られる傾向がありますが、ここが落とし穴になります。

例えば、木造2階建ての賃貸併用住宅の大きさは、一般的な戸建て住宅の2倍ほどです。一般的な戸建て住宅では、オーナーが十分管理できていますので、賃貸併用住宅でも、不動産業者ではないオーナーでも管理が可能です。

しかし、忙しいサラリーマン大家さんの場合は、物件管理の時間がなかなか作れないことがあります。このようなケースでは、オーナーが無理をして入居者とのトラブルに対応する必要はありません。不動産賃貸業界には、良い仕組みがあり、良心的な価格で物件の管理を委託できます。

オーナーがやるべきは、適切な管理業者を選ぶことのみ。それだけでじゅうぶんです。私のお勧めは、着実に管理と掃除作業をこなしてくれる業者さんです。逆に、選択してはいけないのは、宣伝や初回のアピールは強いが、実務がともなわない業者です。

悪い事例を挙げます。

1．料金の低さを強調するが、パンフや契約書に具体的な管理項目が記載されていない業者
2．とにかく広告、ホームページなどの営業に力を入れているだけの業者
3．営業マンが、派手な業者

良い事例は、

1．料金は毎月3000円から1万円ほどで、管理項目と毎月の定期訪問回数がきちんと記載されている業者
2．広告やホームページはシンプルだが、肝心な作業事例の写真や作業者の顔写真を掲載している業者
3．作業者が営業も兼ねている業者。例えば着ている服は、スーツなどの正装ではなく、作業着が望ましい

さらに好ましいことは、

1．物件のある地域の先輩オーナーさんがすでに管理を委託していて、そのオーナーさんからいい評価を得られている業者。不動産オーナーのコミュニティに参加することでお勧めの業者を知ることができます。
2．管理業者が実際に管理している複数の物件を見せてもらうのがベター。写真だけではなく、実際の現場の作業事例を確認したいものです。

そして、管理委託後の注意点として、

1．定期的に管理を委託した物件を確認して、作業内容をチェックする

2．作業内容が不十分である場合は、改善を依頼する

3．改善を依頼しても、まだ不十分な作業である場合は、管理業者を変更する

このように、悪い管理業者と良い業者を見極め、さらに、管理委託後も適切に作業をしてくれる業者と良いお付き合いをしてください。物件管理の仕事は、派手に飾ることなく、着実に継続してくれる業者が信頼できる業者なのです。このことは、不動産業者、施工業者、コンサルタントも同様です。どんなにアピールがよくても、実際の行動がともなわない業者とはお付き合いすべきではありません。

口先だけの管理業者ではなく、むしろ物静かで実行力のある業者と付き合ってください。

収益物件を運用できる専門家を見極めることが大切

知識も資金もない状態で、オーナーがたった一人で、不動産賃貸業を成功させることは不可能です。あなたを成功に導いてくれる人は不動産業者であったり、施工業者であったりと様々なケースがありますが、ともあれ誰かの、何らかの助けが必要です。それを象徴するように、複数の専門家の力が融合して物件が完成し、満室経営となります。

また、オーナーとなる人は、相談相手を見極める必要があります。土地を購入するためには、不動産売買業者の力が必要となります。不動産売買業者でも、業者ごとに取り扱える物件が異なります。戸建て用地を売買する業者は、そこに住むオーナーを満足させるプロフェッショナルです。東京23区内にある駅から徒歩12分の立地でも、戸建て住宅が密集している閑静な住宅街があり、駅から遠い立地でも超高級住宅街があります。戸建て販売業者は、これらの立地にある物件を良いといいます。

しかし、高級住宅街でも、駅から徒歩12分の立地では、こと賃貸物件として優良とはいえません。地方と異なり、東京の場合は賃貸物件の入居者は電車を利用して移動するため、車を持たない人がたくさんいます。駅から近い立地の賃貸物件から先に満室となっていくといっても過言ではありません。戸建て販売業者は駅から徒歩12分の立地でも優良といいますが、賃貸物件の専門家はそれを良い土地とは言わないのです。

戸建て住宅販売の不動産業者は、収益物件を得意としているわけではありません。また、収益物件が得意な不動産販売業者であっても、その90%近くが完成した物件の取り扱いを得意とする人たちです。完成した物件で多くの販売実績があっても、収益物件を建築した経験があるわけではありません。建物の建築の専門家は、設計士であり、施工業者なのです。

同様に、設計士であっても、戸建て住宅の設計を得意としている人が多く、東京で継続して高い収益を上げられる木造の収益物件の設計でプロと認められている人はごく少数です。

なぜならば、木造建物の大半が一般の戸建て住居だからです。また、東京の木造アパートの8割以上が、ハウスメーカーが建てている単身向けアパートやファミリー向けのアパートです。一般的なワンルームの間取りであり、または2LDKや3LDKの間取りです。

これらの同じような間取りの物件は、毎年増え続けており、そして建築年数が古くなるにつれて家賃が下がり、空室が増えてしまいます。収益用地を探し出せる人や競争力のある収益物件を建築できる人は多くはいないのです。しかし、必ず存在しています。

不動産業者だけでは収益の出る建物は建てられません。建築業者だけでは収益用地を見つけられません。

さらに、収益物件の入居者を見つける仲介業務をする不動産業者も、オーナーにとって必要な人たちです。そして、その専門家チームの経験が浅いようではいけません。

専門家チームに多くの実績があるなら、成功している多くのオーナーさんたちが周りにいるはずです。収益物件のプロチームが完成させた収益物件の現物を見て確認するだけでなく、すでに実行して、成功を収めているオーナーさんと話をして、その感想を聞き、プロチームの実力を見極めてください。

人を知り、物件を見て、先輩オーナーの話を聞くこと。これは、これから不動産経営を始めるオーナーさんにとって、必要最低限の確認事項です。

以上の流れで、一つでも気になることがあるようでしたら、一度立ち止まって再考してみるべきです。不安があるのに契約をし、お金を支払ってしまっては取り返しがつかないことになります。収益不動産を取得するには大きな費用がかかりますので、失敗は許されません。収益用地を購入し、物件を建築する前に、収益物件の専門家を見極めることがとても大切です。

地方では、土地の購入価格は相場の半値以下を目指す

特に地方では、地主さんなどのライバルに勝って潤沢な収益を得るには、立地選びに加えて、できるだけ低価格で土地を取得する工夫が必要です。目標価格は、その地域の土地相場の半値以下です。

例えば、近隣で坪単価120万円で売りに出ていたら、坪単価60万円以下の土地を探したいものです。坪単価120万円の土地は30坪では3600万円ですが、坪単価が半分ならば30坪で1800万円です。

すでに、土地を所有している地主の負担は建物費用だけですので、家賃の設定が低くてもじゅうぶんに利益が出ます。しかし、新規参入者は建物費用だけでなく、土地についても融資を受けることとなり、負担が増えます。この場合、家賃収入が毎月の銀行への返済額を下回る場

合もあり、赤字となってしまいます。かといって賃料を上げたのでは、今度は満室にすることが難しくなってしまうのです。

また、地主さんは、店舗経営や大型マンション経営などを好みます。木造賃貸併用住宅経営とは異なる入居者をターゲットとしているため、私たちが探している2人住まいの入居者を奪い合うということにはなりにくいものです。

たいていの住宅地では、建物は一般戸建て住宅であり、賃貸併用住宅はほとんどありません。良い土地さえ手に入れられれば、成功は手に入れたも同然といえます。

目標価格を繰り返せば、その地域の土地相場の半値以下です。ここ10年で東京周辺の土地を見てきた結果からすると、このような土地は実際にときおり売りに出されています。私自身もそのような土地を取得し、かつ賃貸併用住宅経営を始めた複数のサラリーマンさんをサポートしてきました。その土地は一般の人でも見られる不動産販売情報サイトで公開されていました。

このとき注意をしたいのは、このような優良な土地情報は、長い間情報サイトに公開されていないということです。好条件の土地情報は、1日しか公開されていないこともあります。これらの土地情報は、瞬時に複数の申込者からの連絡を受け、成約に至るなど、1日で土地情報サイト上から消えてしまいます。ですから、1週間に一度じっくり時間をかけて土地情報を見るという方法はお勧めしません。これでは1日しか公開されない土地を見逃してしまうことになるからです。

土地探しをしているときに「なかなかよい土地が見つからない」とコメントをする人の多くは、週1程度しか探していないことが多いのです。反対に、毎日チェックしている人からは、「不動産販売情報サイトで良い土地を見つけたよ」とのコメントがよくあるのです。

目標として探している土地は極めて珍しいので、なかなか世に出てきません。しかし、毎日5分程度サイトをチェックするだけでじゅうぶんに見つけられるのです。なんといっても諦めずに継続することが大切になります。やはり、必要なのは短時間で良いですから「毎日」探すこと。

土地の購入価格を希望額に下げる方法

土地の購入価格を希望額にまで下げる交渉は、もちろん有効な手段です。それにはまず、土地価格の相場を知ることで、不動産仲介業者と土地価格交渉ができるようになることから始めます。

「地方のある街では、もっと土地価格が低いから負けてくれ」などと交渉しても相手にされません。それよりも「近隣の相場より高いから値下げをしてほしい」、そして「よう壁工事が必要になるから、値下げをしてほしい」などといってみることです。そうすると、仲介業者はなんらかの適切な回答をしなくてはなりません（「よう壁」とは高低差のある土地において、崩壊などの防止目的で土留めをするために設置する壁です）。

このような交渉の結果、土地の価格が大きく下がる場合があります。

このとき買主側は、〝土地相場を知る〟〝土地の値下げの理由を伝える〟という2つの作業を行う必要があります。その作業の結果、土地の値段が数百万円も値下がりすることもあるのです。しかし、なかには価格交渉をしないで購入する人もいます。これは感心できません。金額がとても大きな買い物ですので、土地の価格交渉についてじゅうぶんにノウハウを取得しておくべきなのです。

土地の価格交渉をするときに見過ごしてはいけないことがあります。それは、〝購入する土地を適切に評価する〟作業です。土地の売買はコンビニの商品と違い、価格が統一されていません。土地の販売価格は、売主や仲介業者が決めているものです。たいていの場合、より高い値段で売りたいという思惑がその価格に反映されています。

例えば、利便性のよい地域の土地が売りに出されていて、土地の面積に対して販売価格が相場に適した価格であっても、南側に高さ2m以上のよう壁があったとしたら、注意をしなければいけません。

そのよう壁が大谷石《おおやいし》（昭和の時代に頻繁に使われていたもので、地震で崩れやすい性質がある）などで作られていたら、そのよう壁を作り直さなければ、その敷地に新たな建物を建築することができないかもしれません。そのよう壁工事に500万円もかかるとすれば、当初の価格で土地を購入するのではなく、500万円の負担がある土地だと主張して、相場価格から500万円の値下げを要望することも可能です。その要望を受けて、売主さんが良い回答をしてくれるときもあります。良い回答がなければ、その土地を購入しなければ良いだけのことです。

この場合、よう壁についての知識が必要となります。この知識を得たことが、500万円相当の価値となるのです。

土地、建物、そして賃貸経営について、しっかりと知識を持つことで、最適な土地価格交渉ができるようになります。このとき、信頼できる設計・施工の専門家に相談することが、失敗しないコツです。

誠実な営業マンでも買主にベストな価格で売るとは限らない

賃貸経営をする私たちは、土地の購入や建物の建築だけが目的ではありません。オーナーが目指すのは、入居者に安心して住んでもらうことで、安定した賃貸併用住宅経営を行うことです。

不動産業者は、土地の売買について、売主・買主・業者の三者が満足するようベストを尽くそうとしています。しかし、土地の売却後は、契約にはない建築上の課題には関わってきません。例えば、よう壁工事の費用が発生しても、不動産業者が解決しようとせずに、土地の引き渡し後、建設業者に解決してもらえればいいと思っている場合が多々あります。

買主が知っておかなければならないのは、不動産業者の多くは、建物の建築に関わる費用について、私たちの問題ではないとまで思っている人がいることです。法律上、不動産業者が契約事項を土地決済までに実行するのは、正当なことです。

この方針をうまく活用して、土地を売ることに関してプロである不動産業者は、余計なことを契約に付け加えないというテクニックを駆使します。この手法は円滑に契約を実行するために有効なのですが、一方で買主に負担を押し付けるという手段に利用されてしまいます。

土地を購入しても、予定していた建物が建てられないのでは意味がありません。土地の売買は適正です。買主がその土地でどのような建物を作るのかは買主の自由です。

しかし、土地購入後に予定していない高額費用が必要となったら大変困ります。建物を縮小しなければならないかもしれません。狭い部屋では収入も落ち、空室も出て赤字となってしまいます。不動産業者は、建物を建てるプロではないので、そこまでは関知してくれません。

以下に、不動産業者のセールストークが原因の失敗事例と、その対策としての土地価格交渉方法を説明します。

土地価格交渉の事例1

よう壁がある土地は1000万円値引きできる

相場よりも1000万円も低い価格で売りに出されていた土地の事例です。現地を確認したところ、高さ2m以上のよう壁がありました。このよう壁自体が、建築認定されていない場合は、それはそれで問題です。

コンクリートの建物では問題が少ないのですが、木造の建物では認定されたよう壁仕様に作り直すか、1階をコンクリート造にするか、または、高さ2mほどのコンクリートの防護壁を新たに作らなければ、よう壁の下の敷地に木造建物を建てることができません。

よう壁の作り直しには500万円はかかると見ておいた方がいいでしょう。大きさによっては1000万円を超えます。

1階をコンクリート造にする場合でも高額の費用がかかります。高さ2mのコンクリート壁を作ると、建物が小さくなってしまい、敷地を有効活用できません。土地の価格が1000万円低くても、木造建物を建てる費用が1000万円上がってしまうようでは意味がありません。

さらに、この土地を購入したい場合は、1000万円はよう壁対策にかかる費用として見積もっておくべきなのです。このようなさらなる値下げ交渉について、売主や不動産業者のほうから提案されることはほとんどありません。その気持ちだけはわかります。交渉で価格が下がれば、不動産業者にとっては、仲介手数料収入が減ってしまうのですから。

買主側では、建物をじゅうぶんに想定し、その土地を調べて負担となる費用をしっかりと見込めるように勉強しておく必要があります。また、買主の立場になってサポートをしてくれるアドバイス役を活用するのもお勧めです。

土地価格交渉の事例2

解体費として最大1000万円値引きできる

「不動産購入の際の価格交渉のやり方がわからない」という人でも、簡単に土地の価格交渉ができてしまうケースがあります。土地に古い建物が残っている場合、「土地の上にある古い建物を売主さんが解体してください」といえばよいのです。不動産業界ではこのことを「更地渡し」といいます。

解体費もまた高額な費用となるのです。木造戸建て住宅でも、解体費は150万円を超えるでしょう。延べ床面積が大きな戸建て住宅では、200万円を超える場合もあります。

そこで、解体費を買主が払うという負担を減らすために、売主との交渉をするのが有効です。

2階建ての戸建て住宅でも、解体費用には大きな差が出る場合があります。

1つ目は、建物の構造です。

木造建物の場合は、解体費用が比較的安く済みます。しかし、コンクリート造の建物の解体では、ショベルカーやユンボと呼ばれる重機を使用しなければなりません。重機の費用が高額になり、廃材の処分も高額となります。

2階建てコンクリート造の建物の場合、500万円ほどは見込んでおいてください。3階建て以上のコンクリート造の建物の場合は、その費用は1000万円を超えることもありますので、注意しなければなりません。

敷地の前の道路が狭い場合は、このような重機が運び込めないケースもあり、そんなときはさらに高額になります。古家がある場合は、まず売主に解体を依頼し、更地にしてもらうのが正しい手順です。

もう一つは、軽量鉄骨の建物です。大手ハウスメーカーが建築したものが多く、丈夫との評判ですが、建物の中に鉄骨があるため、この解体と材料の廃棄費用が高額となります。木造建物よりも300万円から500万円ほど解体費用が高くなることがありますので、ここは注意が必要です。

さらに、軽量鉄骨やコンクリート造の建物では、アスベスト（石綿ともいい、微小な発がん性物質です）を使用して作られていた時代があり、このような場合は特に注意が肝要です。アスベスト建物の解体の場合は、近隣に飛散させないために、建物に重厚な囲いを作って作業をしなければなりません。作業者への負担も多く、解体費用は特に高額になります。

建築に詳しくない不動産業者さんの場合、この解体費について詳しい説明がない場合があります。土地を購入するときには、更地での売買なのか、古い建物が残っている状態なのかを確認し、さらに、その解体費についても買主が知っておいて交渉すべきです。

そして、もちろん土地の売買契約時に価格交渉を行います。買主は解体を売主に行ってもらうか、または、解体費用を減額して土地を購入する。それが常識です。

土地価格交渉の事例3

境界確定測量費用として最大200万円値引きできる

土地を購入するうえで、土地の面積を知ることはとても大切です。境界線があいまいになっている売買契約が多くありますので、注意してください。

この境界線がどこに位置するのかが明記されているのが測量図です。しかし、この測量図の重要性について、認識不足の買主がたくさんいます。測量図で境界線が明確になっていないと、その土地の面積が変わってしまうことがあります。場合によっては数十㎡も小さくなり、土地の価値が落ちて、金額にして数百万円も無駄に支払ってしまうことになりかねないでしょう。境界線が不明確だと、面積が小さな土地を高い価格で購入しなければならない場合も考えられます。

買主は、不利な条件で土地を購入することにならないように勉強し、できる限り有利な条件で価格交渉を行うべきです。

法令に則った土地売買契約書等にも、測量図には3種類があると説明してあります。それは、1．簡易測量図、2．法務局（登記所）に登記された測量図、3．境界確定測量図の3つです。

1．簡易測量図

その敷地にある境界杭や境界鋲（敷地の境を示すもの）をもとに測量士（土地家屋調査士）が作図をしたものです。ただしこれは、隣人と実際に境界を確認したものではありません。そのため、隣人から別の測量図が示されたときは、一方的にこちらが正しいと言い切ることはできません。簡易測量図は、境界線を保障するものではないことを知っておいてください。

2．法務局に登記された測量図

これも土地の面積に関する権利が保障されたものではありません。日本は、登記された土地については公示主義となっています。登記された測量図や公図が実際の敷地面積や形状と異なっているということが多々あります。法務局に登記された測量図も、境界線を保障するものではないのです。

3. 境界確定測量図

境界確定測量図を所有することが、土地の所有者として適切です。現況測量図を測量士が作成して、隣人とともに現地とその測量図を確認し、境界線が正しいことを証明しますとの意味で、お互いが測量図に署名捺印したものです。これにより、隣人との境界線争いはなくなります。

また、もしあとから隣人がクレームをつけてきても、隣人の署名捺印があるこの境界確定測量図をもって、対抗することができます。境界確定測量図は水戸黄門の葵の御紋のように活用できるのです。

例外的に、田舎では測量図がない状態で土地が売買される場合もあります。

土地の価値が低いところでは今でもよくある話ですが、東京など坪200万円以上の地域では、測量図がない状態で土地の売買をすることは想定できません。

ここで問題となるのが、境界確定測量図の作成費用です。国家資格をもつ土地家屋調査士に依頼することが一般的です。当該敷地に接する隣人の数が多くなるほど、作成費用が高額になります。土地家屋調査士が、隣人と折衝をして、測量図を作成し署名捺印を得る必要があるからです。

そのほかにも、現地に境界杭や境界鋲がない場合は、その設置費用も加算されます。これらもまた、土地にかかる必要な費用です。50万円以上はかかると予定しておいた方が良いでしょう。200万円を超える場合もあります。

隣人の承諾が必要な境界確定測量図を作成するには、数カ月かかる場合もあり、売主も不動産業者も、境界確定測量図がない状態での土地売買を行おうとしてきます。

できるだけ売主側で準備してもらうべきですが、買主側の負担となる場合、土地売買価格からあらかじめこの費用を値引きしてもらうことをお勧めします。

境界確定測量図と、それにより保障される権利を知り、じゅうぶんに活用してください。

土地価格交渉の事例4 境界線確認で最大300万円値引きできる

境界確定測量図は、土地権利を確実なものとする効果があります。さらにもう一つ、境界線が確定することにより、大きなメリットを得ることができます。

取得した土地において、法に則った条件で最大の床面積を装備した建物を建築できるようになるのです。建物の床面積が最大に到達することで、その限られた土地で高い賃料設定ができます。これによって、賃貸経営で良いパフォーマンスを実現できるのです。

ここでは、世間の常識と賃貸併用住宅経営で必要とされるものの違いを知ってください。

建物は境界線から離して建てることで、ゆとりを持った空間を確保するのが常識です。一般的に、住宅といえば広い庭付きの戸建てが理想的とされていて、家主がそこに住むことが前提となっているためです。

しかし、賃貸併用住宅経営では事情が異なります。満室経営を維持するためには、人が集まる人気のある地域で、駅に近い立地を選択します。庭があっても部屋が小さければ、高い家賃を得ることはできません。敷地内で可能な限り大きな建物を建築することで、高収益の賃貸併用住宅の経営が実現できるのです。

このとき法規制にも注意すべきです。民法第234条に「建物を築造するには、境界線から五十cm以上の距離を保たなければならない」との境界線付近の建築の制限があります。境界線の位置がわからない場合や、権利が確定していない場合は、法令違反とならないように、余裕をもって建物を境界線から後退させておくことが得策です。

境界線から50cm離れたところに建物を建てればそれで良いのですが、もし余裕をもって1mも離してしまったら、15㎡～20㎡も建物が小さくなってしまいます。これにより、まるまる1

部屋分のスペースを失うことになるのです。

特に、設計士と施工業者は民法第234条を順守しなければなりません。どちらも行政の許認可を得て、業務を行っている人たちなので、法を犯し、仕事ができなくなるような危険なことはしません。このため、建物の設計段階でリスクのない小さな建物を提案されることがあります。

一般の人は専門的知識がないので、このような専門家の意見を鵜呑みにして、小さな建物で妥協してしまうというケースが多々あります。結果として、建物が小さくなり、高額の家賃を確保できなくなって、買主が不利な状況に陥ってしまいます。

この対策としては、境界確定測量図を取得し、境界線を明確にすることです。

それにより設計士に迷いがなくなり、買主にベストな設計図面を作成することができます。

しかし、境界線が確定されていなければ、賃貸併用住宅経営としては大きな不利ともなりかねません。そこで、境界線が確定されていないことから生ずる家賃収入のロスを年額で計算し、100万～200万ほど土地の値下げ交渉を行うこともあります。

「私はできる」と思い込むことが成功の第一歩

賃貸経営を始めるとき、地主でもないし、大きな資金もないと嘆く必要はありません。ここで思い切って「私はできる」と声に出してみてください。何も考えずに言いきってください。このように声に出すこと、そして思い込むことが大切なのです。

過去に偉大な業績を成し遂げた人たちはみな、常識はずれの行動をとっていたといわれますが、成功できると信じて行動を起こしていました。

普通のサラリーマンが土地を購入し、新築の賃貸併用住宅を建て、年金よりも多い副収入を得ることは並大抵のことではありません。しかし、本人の思い込み次第で実現することができます。

「あなたにはできない」と決めつけたのは誰なのでしょうか。訳のわからない人に、訳のわからない理由で、自分の人生が左右されたくはありません。しかし、この訳のわからない理由によって多くの判断が支配されているのです。

その代表的なものが、多数派という考え方です。

・アパート経営をしている人は地主が多い。だから、地主しかアパート経営ができない。

COLUMN

・不動産投資をしている人はお金持ちが多い。だから、お金持ちしか不動産投資ができない。

これがすべての答えではありません。この2つに矛盾しない回答として、少数派についての意見も成立します。

・アパート経営をしている人の中には、少数派だが地主以外の人もいる。だから、地主以外でもアパート経営ができる。そして、アパート経営よりも、賃貸併用住宅経営のほうが一層やりやすい。

・不動産投資をしている人の中には、少数派だが少ない資金でできた人もいる。だから、お金持ち以外でも不動産投資ができる。

多数派に注目し不動産投資は地主でお金持ちがやるものと考えて、あなたはできない人になることを望みますか。それよりも、きらりと光る特徴を持つ少数派の成功に注目し、成功できる可能性を追求することを望みますか。答えは後者であるべきです。あなたは、すでにこの本を手に取っているのですから。

「私にはできる」と思い込んでいれば、自然と少数派の動きに気がつくはずです。不動産投資はできないと考えている日本の大半の方を置き去りにしましょう。大半の人が可能性に気がついていないことは良いことです。私たちのライバルが増えず、良い立地の土地や事業計画と出会うチャンスが残されているということですから。

これは1例にすぎません。本書で解説している土地の探し方、資金の作り方、満室にする方法、安定経営をする方法など、どの項目のどの局面に関しても**「私はできる」**との思い込みが大切になります。多数派の失敗事例ではなく、少数派が成功した知恵と工夫をうまく活用しましょう。

第5章

融資を得るために大切なたった1つのこと

～安定性と地道さを証明すると評価が倍増する～

銀行から融資を得るときに必要なもの

収益不動産を取得するメリットは、銀行から高額な資金を融資してもらえることです。ここで注意すべきなのは、銀行融資を得られるチャンスを逃さないこと。

銀行があなたに融資を実行する理由は、次の3つです。

1. 不動産賃貸事業が収益を生む優良なものであると認められる場合
2. 取得する不動産価値が融資額よりも価値があると認められる場合
3. 賃貸経営を行う融資資金の借主の属性が評価される場合

この中で1. 事業収益と2. 不動産の資産価値については、専門家とともにより良い収益があげられるように検討し、担保価値のある不動産を取得する工夫が必要です。

注意したいのは3. 借主の属性です。借主とは、これから不動産オーナーとなる人のことです。ここでの属性とは、個人の年収や所有資産、不動産経営能力や個人の性格も含まれます。

不動産経営能力や個人の性格については、基本的に銀行員が優劣をつけることは特に難しいものです。どのように評価をされているのかというと、一般常識があるレベルの人ならば、融資を受けられ、明らかに問題がある人は不可となる可能性があります。明らかに問題があるレベルの人とは、経営者として失格だと認識してください。例えば、提出すべき資料を提出しない、などがこれに該当します。

提出資料とは、住民票、印鑑証明書、市民税証明書、納税証明書などです。これは今ではマイナンバーカードを取得すれば、コンビニエンスストアでも簡単に取得ができるようになりました。しかしながら、一般のサラリーマンでもマイナンバーカードを取得していない場合は、平日の昼間に区・市役所や税務署に行かなければならず、日ごろ忙しく働いているサラリーマンでは、時間を確保できない場合があります。

すべての条件が整っているのに、たった1枚の書類の不備で、融資が下りないこともあります。時間の管理と書類の準備に気をつけてください。

東京でアパートやマンション1棟の不動産を取得する場合、一般的には6000万円~1億円、場合によってはそれ以上の費用がかかります。この額を現金所有している人は少ないため、銀行から融資を得ることが必要不可欠になります。

銀行融資という言葉で最も話題になるのは、銀行融資が得られるか、または得られないのか。この点が注目されますが、実際に何度も銀行融資の現場に立ち会ったコンサルタントとして、注意をすることはほかにもあります。

例えば、銀行から融資の内諾を得た後に注意すべき点についてお話ししてみましょう。一番大切なことは、銀行からいくら借りられるのかという点です。総費用8000万円の不動産を取得するのに、自己資金が1000万円ならば、7000万円を借りられなければ、契約は成立しません。上記の場合、銀行が内諾をしたとしても、それが「5000万円まで貸し出します」との回答ならば、これでは金額が足りず、当該事業を実行に移せません。そのため、銀行が内諾をした場合でも、貸し出してくれる金額を必ず確認します。

そのほか、お金を借りる側の立場として、知りたいことは借入期間、そして、貸出金利（％）です。金利が高い場合、借り入れた後の返済が大きな負担になります。

ですので、借入金利を可能な限り低く抑えるのが常識です。

そのため、銀行から融資の内諾をもらっても、事業計画において予想していた金利よりも高ければ、無理せずはっきりとお断りすることも必要な判断です。

しかし、近年はゼロ金利、そしてマイナス金利時代に突入したため、銀行の貸出金利も極めて低くなっていて、借主に有利な時期といえます。

物件の確認に加えて、銀行融資条件の確認はとても大切です。慌てず、焦らず、慎重に判断してください。

超低金利の住宅ローンには大きなメリットがある

住宅ローンの借入金利が1％を下回る時代に突入しました。これが、いま戸建て住宅やマンションを取得する人が増加している大きな理由です。

0・7％で借入ができるなど、とてつもない超低金利時代です。3000万円を35年間借り入れたとして、毎月の返済額は8・1万円となります。低金利時代のため、東京近郊（多摩地区など）のファミリー向け新築マンションなら3000万円で購入することが可能です。しかし一方で、多摩地区でもファミリー向けの部屋を8万円台で借りることはなかなか難しい現状があります。

住宅ローンで住宅を取得した場合、新築で毎月の返済が8万円ほどになります。ファミリー向けマンションを借りた場合では、中古物件でも家賃は10万円を超えます。部屋を借りて住むという選択よりも、マイホームを所有するという選択をする人が増えているのは当然のことです。

最近の住宅ローンの事例（2017年5月調査）を挙げると、低い金利の事例として、じぶん銀行では、当初2年の借入金利が年利0・497％。10年固定で年利0・52％。住信SBIネット銀行では、変動金利が年利0・477％、当初10年固定で年利0・61％。

イオン銀行では、変動金利が年利0・57％、当初10年固定で年利0・69％。

メガバンクの場合でも、

三菱東京UFJ銀行では、変動金利で年利0・625％、当初10年固定で年利1・35％。

三井住友銀行では、変動金利で年利0・625％、当初10年固定で年利1・35％。

みずほ銀行では、変動金利で年利0・600％、当初10年固定で年利0・825％。

りそな銀行では、変動金利で年利0・625％、当初10年固定で年利1・35％。

＊注意：2017年5月時点での最も良い条件で表示されている金利を記載しており、諸条件により利率や融資の可否に差異があります。

インターネットで公開している住宅ローン情報でも1％を切っています。過去には金利が3％台や、1990年代当初には住宅ローン金利が6％を超えていたときもありました。

一般的に銀行の信用度が高いメガバンクであっても、1％前後の金利となっています。そう考えると、近年は住宅ローンを組みやすい状況になっています。

ただし、この超低金利という魅力が落とし穴であるともいえます。超低金利であるために、将来設計をじゅうぶんに検討しないで、マイホームを買ってしまう人がたくさんいます。超低金利であっても、借入した数千万円はあなたが支払わなくてはいけないのです。銀行は金利を優遇しているだけであり、戸建て住宅の場合マイホームのローン返済をあなたの給与で支払うことには変わりがありません。

それに比べて、賃貸併用住宅では借り入れた金額も、銀行金利も家賃収入で支払うことが目的です。賃貸併用住宅でも、この超低金利の住宅ローンを活用できます。ただし、賃貸併用住宅は戸建て住宅とは違い特殊な建物なので、よく勉強をしたうえで、多くの融資と建築実績のある専門家やサポートチームのアドバイスを求めるようお勧めします。

私たちがサポートをして賃貸併用住宅を取得したオーナーさんにも、0・7%を切ったローン金利で融資を組んだ事例がありました。こちらの方が契約したのは、みずほ銀行の住宅ローンの期間限定固定2年専用当初期間重視プランというものでした。インターネットで公開されている情報以外にも特殊な事例があります。これはとても良い情報であり、本書がお勧めしている賃貸併用住宅でもここまでできる、と知ってもらえれば幸いに思います。

もう一つ明確なメリットを付け加えます。それは、賃貸併用住宅の賃貸部分の銀行金利と、賃貸併用住宅を取得した場合の銀行金利とでは、本来大差があることです。上記の住宅ローンの1%以下の超低金利に対して、賃貸物件のためのアパートローンの金利は1・5~3・0%ほどです。

2~4倍もの金利差となる場合があります。

実際に安定した賃貸経営をするためには、競合となるアパートやマンションの賃貸物件に勝ち抜かなければなりません。同じような大きさの部屋を同価格で建築し、同じ家賃で貸し出した場合に、競合のアパートのオーナー（アパートローンを利用）よりも、賃貸併用住宅のオーナー（住宅ローンを活用）のほうがより多くの利益を得ることができます。

競合オーナーのアパートは、高い金利で借り入れているという負担を抱えているので、支出が多くなります。賃貸経営の収益性において勝っているのです。

さらに、年利2・0～3・0％でアパートローンを組むことができたオーナーは少数派で、中古アパートの取得のためのローンでは一般的に年利4・0～5・0％で借り入れているケースもあります。これでは収益がほとんど出ないため、このような物件を取得してはいけません。アパートローンの事例と比較してみると、住宅ローンで賃貸併用住宅を始めたオーナーさんは、とてもいい条件で賃貸事業が開始できることが改めてよくわかります。

超低金利の住宅ローンで賃貸併用住宅を取得することは、非常に有利なのです。

賃貸併用住宅でも住宅ローン控除を活用できる

先にも簡単に触れたように、住宅ローン控除があることもまた、メリットです。賃貸併用住宅でも、この控除を活用することができます。財務省のホームページには、住宅取得にかかる主な措置として「住宅ローン減税制度」の説明が掲載されています。住宅購入のために住宅ローンを借り入れた人は、年末のローン残額に控除限度額（所定の利率をかけた金額）が、その人の所得税から控除されるというものです。サラリーマンは給与を受け取る前に税金を引かれて（源泉徴収）いますが、この税金を取り戻すことができるのです。

控除限度額が、実際に支払った所得税よりも多ければ所得税額までとなります。この住宅ローン控除を使える期間は10年間です。

平成25年に次のように税制改正がありました。

平成26年4月から平成29年12月までに住宅を取得した場合、控除限度額は、4000万円。1年間の控除率は、1・0％。つまり1年間の控除限度額は、40万円。10年間での最大控除額は、400万円。また今後期間が更新される可能性があります。

住宅ローン控除を最大に活用した場合は、マイホーム取得費用の10％（4000万円のうち400万円）が戻ってくるということになります。平成26年3月までに取得された人は、最大で2000万円（控除限度額が2000万円）しか戻ってこなかったため、消費税が増税された今のほうがより多くのメリットを受けられる場合もあります。

住宅ローン控除は1972年から開始され、当時は3年間（控除率1％）のみ、2008年は最大で160万円しか戻ってきませんでした。最新の住宅ローン控除は、近年でも珍しいほど住宅取得者に大きなメリットがある条件となっています。

賃貸併用住宅で住宅ローン控除を利用する場合は、戸建て住宅とは異なり、賃貸併用の建物1棟すべての取得費用が控除限度額となるのではなく、1棟の建物のうちオーナーが住む自宅部分の床面積分のみが限度となります。また自宅部分と賃貸部分を別々に登記することが必要な場合もありますのでご注意ください。

例えば、2階建てで全床面積が110㎡で、オーナー住戸が60㎡、賃貸面積が50㎡の賃貸併用住宅の取得額が、総額6000万円の場合、

6000万円×(6÷11)=3272万円

このうち3000万円が控除限度額となります。この時点でも、10年間で最大300万円が戻ってきます。このように賃貸併用住宅でも、オーナーの居住部分の取得費用に対して、戸建て住宅と同様に住宅ローン控除を受けることができるのです。ただし、上記の数値は住宅ローン控除を最大限に活用できた場合であり、実際には住宅ローン控除を活用するために個別の条件があります。詳しくは税務署や専門家のアドバイスを活用することをお勧めします。

また、認定住宅の特例条件を満たす建物の場合、平成33年12月までは、控除限度額が5000万円であり、最大で500万円が戻ってくるケースもあります。利用期間がさらに延長される可能性もあります。

1%以下の金利である住宅ローンを組んだ人が、住宅ローン控除率1%を10年間活用できた

場合、銀行に支払う金利よりも、国からの控除額が上回るということになります。

これらを合算した場合、いわゆるマイナス金利になるのです。

例えば、**住宅ローン金利0・7%－住宅ローン控除率1%＝マイナス0・3%**

金利0・7%で借りた人が、1%の控除を受けることで、0・3%の得をします。

わかりやすくいいますと、この条件で3000万円借りた人は、利息を払うのではなく、プラス9万円をもらえるのです。この制度は、住宅ローンを借りてくれてありがとう、という国からの謝礼ともいえます。

つまり、住宅ローンを借りることにより、さらにお金をもらえるということです。

賃貸併用住宅でも住宅ローン控除を活用して、がぜん有利に収益を上げることが可能になるのです。

安易に戸建ての住宅ローンを組んではいけない

東京で4000万円の戸建て住宅は高い価格ではありません。マイホームの取得は、幸せな家族の象徴といわれていますが、これが大きな失敗の始まりだと気づいている人は少ないようです。マイホームの取得は、多かれ少なかれ家計の負担を増やしてしまいます。

4000万円を35年で分割して返済したとしても、毎月の返済額は9万5238円（利息は含まず）。これに加えて、住宅ローンを組んだ場合は、利息が付きます。

住宅ローン金利を1％と設定すると、毎月の返済額は11万２９１４円

住宅ローン金利を１・５％と設定すると、毎月の返済額は12万２４７４円

75㎡の平均的な賃貸物件の毎月の家賃よりも低いので、住宅ローンを組み、購入する人が多数います。多くの購入者は賃貸物件の家賃と比較し、毎月の給与から返済が可能という理由から購入を決意します。

しかし、住宅ローン金利が１・５％の場合、35年間での利息総額は、１１４３万円になります。４０００万円の戸建て住宅を購入して、１・５％の住宅ローンを組んだ場合、35年間で５１４３万円を支払うことになるのです。この大きな負担を35年間も背負うことになります。

２０１３年に１００人以上のリストラを発表した上場企業は25社でした。最も多いのが富士通の２４５４人、２番目がルネサスエレクトロニクスで２３１６人でした。

２０１２年に倒産した会社の数は1万２１２４社。最も大きな会社だと、従業員が３２０６人のエルピーダメモリ株式会社が倒産しました。

このように、給与収入が安泰と言える時代はすでに終わっているのです。

今後の収入が保証されていないのに、給与から支払うことを前提とした高額な住宅ローンを組んではいけません。

単なる戸建て住宅は、大きな支出が発生するものです。このような状況だからこそ、賃貸併用住宅の取得を検討する人が増えています。

賃貸併用住宅では住宅ローン返済額に相当する家賃収入が得られます。賃貸併用住宅を所有した人は、給与から住宅ローンの返済を行わずに、一般の人が住宅ローンとして返済している月額10数万円を将来のために預金したり、旅行などの余暇に使ったり、別の投資資金として活用できています。安易に住宅ローンを組んではいけません。

リストラや会社の倒産に影響されることがない住宅ローンの組み方があることを知ってください。適切に賃貸併用住宅を取得することで、それは実現できるのです。

〝一戸建ては一生に一度の買い物〟といわれますが、近ごろはそうでもなくなってきています。たとえ一生に一度しか買わない場合でも、趣味を重視した立地を選ぶとか、無理をして豪華にしようなどと考えるのはよくありません。

会社の倒産、工場の移転、リストラ、希望退職などは誰の身にも起こるような時代になり、一つの家族が一つの場所で住み続けられる保証はどこにもありません。家族全員で住むのにちょうど良い大きさの家を建てても、主人が単身赴任となったら部屋が余ってしまいます。

また、将来生まれてくるお子さんのために、子供部屋をあらかじめ確保しておく人もいます。2人のお子さんがいる平均的な4人家族でも、子供たちが就職や結婚をすれば、子供部屋は余ってしまいます。お年を召したご夫婦には、かつて家族４人で生活していた戸建ては大きすぎて、掃除をするのにも苦労するハメにさえなるのです。

もはや、大きな戸建てを持つことが良いという常識は通じなくなっています。そういった問題を放置しているのは大きな無駄です。これまでのように年金がもらえなくなる時代だからこそ、**住宅費の無駄を一切なくすべき**なのです。

子供が生まれる前は、賃貸住宅に住むのが一般的です。しかし、賃貸物件では毎月家賃が出ていくだけで何も残りません。もし使用しない部屋があるのなら、家の中に空室があることと同じです。適切な大きさにしていたら、その分の取得費用を節約できたはずです。

また、戸建ては経年劣化し、屋根、壁や設備などの修繕費用がかかります。マンションも管理費、修繕費がかかります。取得費用だけでなく、維持費用も年々積み重なれば高額なものとなります。自宅やマンションを購入する際は、**これら無駄な出費をしないよう**にじゅうぶん検討してください。

ハウスメーカーが戸建てやマンションでの夢のような生活を演出するのは、売り上げを確保するためです。従来の戸建て住宅の無駄に気づいてください。無駄を抑えて、自宅の取得費用を有効に活用できるものが、まさに賃貸併用住宅です。

銀行員さんの信頼を得て知識を引き出す戦略

収益不動産を取得するときに、頼りになるのが資金を貸し出してくれる銀行です。融資を受ける人は、可能な限り銀行員さんを味方につけるべきです。銀行員さんは、健全な事業に融資するために、銀行内の稟議担当部署に対して働きかけをします。

もし、銀行員さんとの信頼関係がなくなってしまうと、融資が難しくなる場合もあります。大事な役割をもつ銀行員さんに良い印象を与えることがなにより大切です。

悪い事例は「今すぐにお金が必要です」「この資金を得られなければ困ります」といったコメントです。これでは「この借り手は安心してお金を貸し出せる人ではない」、または「切羽詰まっている人だ」と思われてしまいます。銀行としても、できる限り資金に余裕がある健全な人にお金を貸し出したいと考えています。

提案する賃貸事業に対して、融資額を決めるのは貸し出す銀行側です。金額に対してコメントをするよりも「融資を得るために、できる限り自由な発想でアドバイスをしてください。銀行側の提案に対して私も可能な限り対応させていただきます」、「融資審査過程で苦労をしたことは、良い経験になります。結果はどうあれ、文句などいいません」。あるいは「私は柔軟な姿勢で対処します」などと伝えると良い印象を与えることになります。

戸建て住宅と新型賃貸併用住宅の違い・収支

【新型】＊20年以降2人住まい、家賃相場が高い立地

	戸建て住宅	賃貸併用住宅	差額
総額	5,000	7,500	
借入期間／金利 月返済額 ＊借入額	35／1.5 12.2 4,000	35／2.0 21.5 6,500	
月家賃 年家賃	0 0	22 264	22 264
月残金	-12.2	0.5	12.7
年残金	-146.4	6.0	152.4
20年間家賃収入	0	5,280	**5,280**
20年間残金／万	-2,928	120	3,048
30年間家賃収入	0	8,520	**8,520**
30年間残金／万	-4,392	180	4,572

＊20年以降、月家賃25万

なにより銀行員さんとの信頼関係を築くことが大切です。銀行から依頼された資料をしっかりと提出すること、できる限り早く提出することなど、基本的なことができていない依頼者も多くいます。資料が到着しない限り、業務を進められないこともありますので、銀行員さんは困ってしまい、良い融資承諾が得られません。

もう一つ大切なことがあります。虚偽の資料では、銀行も適正な審査ができません。そして、トラブルとなった場合の責任と負担は、借り手に戻ってきます。

- **銀行に適正に審査をしてもらうこと**
- **銀行員さんには精一杯の努力をしてもらうこと**

それでも融資が出なければ、その事業計画が良くなかったと理解すべきです。もっと収益性

が上がる土地を探して、次の事業計画で健全な融資を受ければ良いのです。

収益物件のために資金を調達することは簡単ではありません。銀行との信頼関係を築き、銀行員さんの能力をフルパワーで発揮してもらいましょう。そして、希望額の融資を得て、成功をつかみたいものです。

地主でもサラリーマンでも、土地取得とアパート建築には大きな費用がかかるため、銀行からお金を融資してもらうことになります。銀行からお金を借りることは、アパート経営を始める段取りの中で最も大切なことです。

一般的には、住宅ローンという融資制度を活用します。アパートローンは、土地所有者に対して建築費用への融資であり、土地をもっていないサラリーマンのケースとは異なります。

住宅ローンを組んでいる人は多く、アパートローンを組んでいる人はほんのわずかにすぎません。賃貸併用住宅であっても、一般の住宅ローンの担当者では対応ができないといえます。賃貸併用住宅の融資を得るためには、賃貸経営の部分に高い評価をもらうことが大切です。これができるのはアパートローンの経験がある銀行員さんです。賃貸併用住宅で融資を得るには、このような特別な銀行員さんと出会えるか否かが明暗を分けたりします。

そんな銀行員さんに出会う有効な手段が、「紹介」です。紹介をしてもらうためには、銀行と取引がある専門家に問い合わせることです。その専門家とは、アパートの融資や賃貸併用住宅そのものの融資実績がある人たちです。有効な方法としては、インターネットで「賃貸併用住宅」で検索すると、専門家の人たちが見つかります。彼らの中で、ポリシーや考え方に共感できる人の話を聞くべきです。

私の場合、賃貸併用住宅であっても、アパートの融資を出している銀行を探すこと、そして、アパートローンを担当している人を見つけること、まずはこのことを考えました。一人で探していたら何年たっても融資を出してくれる銀行員にお会いできなかったと思います。

銀行融資では絶対に失敗をしないこと、銀行員さんに無理強いをしないことが基本です。無理をいって強引に融資を得ても、オーナーさんの首を絞めることになりかねません。つまり、将来的に賃貸経営がうまくいかず、破たんすることもありえます。銀行員さんにありのままを伝えて、その中で銀行員さんに融資実行のために最大の協力をしてもらうのが常道です。

失敗をしないこととは、事業計画が的確であること、着実に借りたお金を返済することです。これを継続して、銀行員からさらに信頼を得ることが将来のさらなる成功につながります。

銀行との取引があり、信頼関係がある専門家が築いた実績をあなた自身が引き継げること、このような機会を利用することが有効です。

そこには、たった一人ではできないパワーが蓄積されています。賃貸併用住宅の銀行融資では、まず専門家の実績を活用する道を模索してみましょう。

銀行員の本音を知れば、融資が得られる

銀行が融資をしたいのは収益が上がる事業です。銀行のミッションは、しっかりと元金を返済してもらいながら、利息を得ることです。

例えば25年ほど前、借入金利が5％あったとき、1000万円を貸し出した場合、1年で50万円もの利息を銀行が回収できていたのです。借入利息で収益を上げるのが、銀行の本業といっても過言ではありません。

銀行にとっては、お金を貸し出した後に返済されない事態が大きなリスクとなります。ですので借主は、返済額が負担にならない高い収益性を実現できる不動産賃貸事業を作り上げるべきです。

銀行で働いている銀行員さんはサラリーマンです。限られた時間で業務の成果を出すことが、サラリーマンの基本です。さらにいうと、業務の効率性を追求しているプロでもあります。

アパートローンを担当している銀行員は、たくさんの賃貸物件の収支を審査しています。物件の事業主となる私たち借主に対して、厳しい目で評価をします。それに対して、私たちもまた不動産賃貸業のプロだという意識を持つべきです。

例えば、〝一般的な価格の土地を選択して依頼する〟ことは、優れた事業家とはいえません。不動産投資は簡単ではなく、相場よりも安い土地でなければ大きな収益が得られないのは当然なので、銀行員から相手にされません。つまり、少なくとも相場より極めて安い価格の土地を見つけられるよう努力することです。

銀行から融資を引き出すためには、優れた賃貸事業の収支計画を作り上げるべきなのです。**〝優れた土地を選び〟〝優れた建物を選び〟〝優れた家賃で貸し出し〟〝物件管理で問題を起こさない〟**、この4点が不動産賃貸業の基本です。

銀行と銀行員さんの本音を知ってさえいれば、いつか必ず融資の承諾を受けられます。具体的には、彼らの求める不動産賃貸業の事業計画を作り上げることができればよいのです。

自己資金がなくても融資で得られた資金を使い、優れた土地と建物を取得し、そして効率的に収益をあげましょう。

融資審査のときにわかる自己資金の重要性

自己資金が少なくても、何とかなるだろうという気持ちではいけません。融資のときに至って初めて、自己資金がどれだけ必要かを知るのでは遅すぎます。明らかに自己資金が足りない状態では、前に進むことができません。

新築物件の銀行融資審査には、次の3つが必要になります。

- **想定設計図面**
- **工事費見積書**
- **賃料査定書**

これらを作成するのは、関係業者にとってかなり手間がかかり、しかも責任あることです。設計契約をしていない段階での建築プラン作成であり、設計士は、未契約という不確実な状況で作業することになります。また、依頼を受けて想定設計図面を作成しても、その途中で土地がほかの人に購入されてしまうかもしれません。

そして、当然ながら、買主が銀行融資を受けられないことも考えられます。しかし、資料を提出するからには間違った資料を提出することはできません。

想定設計図面は、銀行融資の審査を受けるために必要なものなのです。設計士としても、不確定要素を抱えながらも、最大限の力を発揮し、協力をしてくれているのです。施工業者が工事費見積書を作成するときも、仲介業者が賃料査定書を作成するときも、同様に不確定な立ち位置に立たされます。

これから土地を購入する依頼者側として、「いずれ土地を購入して、設計契約をするのだから、それくらいやってくれてもいいじゃない」と短絡的に思ってしまってはいけません。関係者は時間を割いて、確約のないあなたのために協力しているのです。土地情報が市場に出て、土地の買い付けや土地の売買契約をするまでは、時間との勝負。そこをくみ取っての善意の協力だと知ってください。

このような状況を踏まえたとき、自己資金が豊富にある人は有利です。

自己資金が豊富な人と少ない人を比較してみます。

良い物件が見つかり、買主も土地を購入する意思があります。銀行融資を受けるために、関係する業者やコンサルタントに、その土地で想定される賃貸物件の事業計画を依頼します。

次からが異なります。

(資金が豊富な人のケース)

A．銀行審査の経緯にかかわらず、融資が得られることがほぼ確定しているので有利

(資金が少ない人のケース)

B．融資のための銀行審査の結果が出るまで、融資が得られるのか不確定なため不利

ここで、買主側の人が業者の立場に立ってみてはいかがでしょうか。自己資金がある人の依頼が、契約の勝率が高く、優先される傾向にあります。

自己資金の重要性として、主に次のような3つの理由が挙げられます。

1．自己資金は、銀行融資を得るために最低限必要なもの

2．フルローンについては、銀行は良しとしないので論外

3．自己資金は、賃貸経営のリスクを軽減するもの
自己資金が多ければ、必然的に借入額が減り、毎月の返済額が軽減する
自己資金は、同業の大家さんの優位性を保つための武器となるもの
大家さんが関係する業者にとって、事業の安定性が保たれるため、協力を得やすい

不動産経営を始めようとしている人は、土地探しに夢中になっていますが、自己資金づくりにも注目してください。自己資金づくりは、必ず成果に影響します。小さなことの積み重ねですので、大きな変化はありませんが、着実に自己資金づくりの成果を上げている人たちがいます。できる限り節約に労力を注いでください。

そして、**関係者との信頼関係を維持し、健全な形で収益不動産を取得**してください。

銀行融資が心配になったときにすべきこと

土地と新築の建物を購入する際、銀行からの高額な借り入れについて心配する人がいますが、借り入れた資金を効果的に使うことで、その心配を払拭することができます。それでこそ、自己資金では購入不可能な物件を手に入れることができるのです。

ただ、心配したり、恐れたりすることは悪いことではありません。このときの注意点は、**「心配や恐れの原因」**にしっかりと向き合うことです。心配するのは、わからないことがあるからです。初心者はわからないことがあって当然です。具体的に何がわからないのかを突き詰めるべきです。

ここでは仮に、返済ができなくなるかもしれないと心配になった場合を想定します。返済できないということは、毎月の家賃が毎月の返済額より少なくなることです。家賃収入の減少は、空室や募集家賃が下がってしまうことが原因です。それなら、空室が出ないような部屋を所有するために何が必要か。また、募集家賃が下がらないためにどのような対策をすればよいのかを突き詰めて考えるべきです。こうした事業計画が不十分であれば、銀行から高額な借り入れをしてはいけません。このとき検討していた土地は、購入すべき土地ではなかったといえます。

銀行融資で心配になったとき、その原因を突き詰めて考えた人は、事業計画の甘さに気づくことができるものです。これはとても大切な気づきです。

ですから、銀行融資を申し込む前に、もう一度、**事業計画が適切であるか**を見直してください。適切な事業計画なら、高額な借り入れについて、心配や恐れはなくなり、目標までの道のりが明確になります。そして、自信を持って融資の申し込みができるようになります。

戸建て住宅と賃貸併用住宅の違い

収入と支出（無限大の倍率差）

資産価値（立地、大きさ2倍、価格1.5倍）

オーナー住居の賃料（戸建ては貸し出せない）

賃貸経営を前提とした設計&施工

オーナーの賃貸経営能力（関連事業）

資産増加スピード（2棟目、3棟目の取得）

マイホームを単なる消耗品としない考え方

全国の空き家数が、約８００万戸にも達しています。放置された空き家で、火事などの事故が度々起こっています。

活用されなくなった空き家の所有地にも、毎年固定資産税の支払いは発生するのです。空き家は解体費もかかり、土地自体の売却も容易ではなく、想定外の出費がかさみます。家主がいなくなった空き家は、これからも増えていくでしょう。

これらを解決するより良い方法は、家を貸し出すことです。貸し出した後は、家賃収入が入ってきます。しかし、何十年も住み続けた一般の戸建て住宅を貸し出すのは、容易ではありません。大規模な修繕が必要となり費用もかかります。その費用に見合う家賃が取れるのか、またそこに住みたいという入居者が現れるのか。ここでの問題は、そもそも人に貸すことが前提で建てた家ではなかったことです。多くの人が住みたいと思う立地であるのか、住みたい建物であるのか。この点に注目して土地と建物を選んでいない場合、数十年後にその建物を貸し出すことは容易ではありません。

そうならないために、最初から入居者が満足する賃貸併用住宅を建てることが有効です。賃貸併用住宅のメリットは、居住しているときから毎月の家賃収入が発生することです。家賃収入があれば、固定資産税も苦にならず、将来の解体費用も家賃を貯蓄して賄うことができます。使い捨ての空き家となる戸建て住宅ではなく、稼げる賃貸併用住宅を取得するほうがどれだけ有効なことか。マイホームから継続して、家賃収入を得られる賃貸併用住宅を取得するにしくはありません。

3LDKの戸建て住宅をフルに使うのはたったの8年

賃貸併用住宅ではオーナーが住み、さらに賃貸部分から家賃収入を得ることができます。家族が増えた時には賃貸部分をオーナーの家族が使用することもできます。

子供が就職して家を出て、家族が少なくなったときは、広いオーナー住戸を貸し出し、さらに多くの家賃収入を得るということもできます。実際、生まれた子供が仕事に就くまで、家族全員が一緒に住む期間は意外と短いものです。

確かに、子供が小さい時はリビングで家族団欒の時間を大切にしたいものです。そして、子供が小学校に上がる以前は子供部屋が不要です。子供部屋が必要になるのは、子供が小学校高学年になり高校を卒業するまでの8年間、その後は社会人となり家を出る人が大半です。

しかし、戸建てやマンションの住宅ローン期間は35年です。また、家族が最大人数で生活するのは住宅を所有している期間の半分以下でしかありません。大きなファミリー向けの家を所有しても、大半の期間は使われていない部屋が存在しているのです。

この状況を賃貸経営の立場でみると、空室と同じで収入があげられない大きなロスが生じていることになります。実際に、このように空間を無駄にしている人がほとんどです。空間を無駄にしている時間があるというのは、収入を得るチャンスを失っているだけでなく、取得費用として建築時に無駄な費用をかけているので、しなくても良い大きな支出をしたという金銭的なロスもあるのです。使わない部屋の建築費として金銭的なロスをして、また家賃収入を得るチャンスを失ってもいるのです。

それよりは、出産前の2人暮らしの期間や乳幼児期は小さな住居に住み、自宅部分に費用をかけすぎないこと。そして、使用していない部屋から家賃収入を得る計画は、大きなメリットとなります。また、金利の高いアパートローンではなく、銀行の住宅ローンを使うことで超低金利にて借り入れができるメリットも心強い限りです。

戸建て住宅をフルに使っている期間はたったの8年なのに、35年ローンを組むのはもったいないことです。

賃貸経営は100年間安定し続けているビジネス

この先45年間、さらには60年以上、働き続けられる人はわずかです。サラリーマンなら、実質60歳で退職となります。定年退職が65歳まで延期されたとしても、その時点で年収は大きく減額されます。

ときには、突然健康を害し、収入が途絶えてしまうこともあるでしょう。ネットビジネスやニッチな小規模ビジネスは、時間の流れが速く、長期的に安定した収入源には成り得ません。株やFXなどの投資も同様です。

これらと比べて長期的に見ても圧倒的に安定しているのが、賃貸併用住宅経営です。不動産賃貸業は、江戸時代よりも前から存在しています。そして、賃貸業の仕組みは世界中に存在しています。**人が生きるうえで必要なものが「家」**です。衣食住の中で最も高額なものが住居で、この「住」から発生するものが家賃です。

収益事業の基本は、人が必要とするものを提供することです。賃貸経営ほど、需要が明確なものはありません。それなのになぜ、万人が賃貸経営に着手しないのでしょうか。

1つ目の理由は、初期費用が高額であるためです。

2つ目の理由は、多くの人が目先の利益しか求めないからです。

少額で始められてすぐに利益が出るビジネスは、長続きしないものです。家賃収入は、何倍にも増えるものではありません。しかし、**過去100年の歴史を見ても、変わらず安定的に収入源として存在し続けています。**住居はこの先も永久に必要とされるものです。だからこそ、賃貸経営では安定して収益を生み続けられるのです。

住宅ローン破たんが増加、その対策が必要不可欠

住宅ローンでの破たん者が増加しています。その理由は、民間人の給与は下降後ほぼ横ばいだからです。

国税庁の民間給与実態統計調査（平成27年版）によると、左記のようになっています。

平成15年　4，439千円
平成23年　4，090千円
平成24年　4，080千円

平成25年　4，136千円
平成26年　4，150千円
平成27年　4，204千円

年々給与がほとんど増えていないのに、消費税増税や輸入品の価格が上昇しているため、住宅ローンを組んだ当初の返済計画が成立しないのです。住宅ローンの問題点は、給与から支払うということです。給与が減額になり、会社が倒産した時には住宅ローンの返済計画は成立しません。

もう一つ問題があります。銀行の審査が甘い傾向があります。そのため、住宅ローンを組むべきでない人までも融資を得られています。住宅ローンの怖さをしっかりと認識しておくべきなのです。

そこで、この観点からも有効なのが、やはり賃貸併用住宅です。給与に加えて、家賃収入を返済原資に加えることができます。給与ではなく、家賃収入だけで住宅ローンの返済も可能です。住宅ローン破たん対策として、賃貸併用住宅を知り、活用するのは有効な手段なのです。

自宅のほかにもう一つ不動産を持つ有利さ

1980年代後半、日本でバブル景気が起こりました。土地の値段が2倍3倍に上昇し、10

倍に跳ね上がったケースもあります。

しかし、多くの自宅所有者は明確な利益を得ていません。なぜなら、バブル景気が起こり、3000万円で購入した自宅の価値が9000万円になり、6000万円の利益が出ることがわかっていても売れなかったからです。

この時代、東京全体の土地の価値が上昇しました。自宅を売り払っても、次に購入する住まいも高いため、同等の自宅を購入しようとしたら、その購入金額は9000万円ほどしたのです。

自宅を手放したあとは、新たに別の自宅を取得しなければなりません。売って利益が出ても、次に購入する物件も同様に高額なら、手もとに利益は残りません。どんなに不動産価格が上昇しても、自宅を持っているだけでは利益を得られないのです。

このとき、自宅のほかにもう一つ不動産を所有していたら、大きな収益を得ることができました。自宅にはそのまま住み続け、もう一つの不動産が3倍に高騰したときに、売り払えばよいのです。例えば、もし3000万円で購入したものが、9000万円になり売却できて、6000万円の利益を手に入れられる可能性を持つことができます。

今現在、国債が大量に発行されており、急激なハイパーインフレが来る可能性もあります。そのときに、日本円という現金の価値が下がってしまうでしょう。現金（および預金）しか持っていない人は、物価が急上昇することで生活苦に陥ります。しかし、自宅以外の収益物件を持っていれば、日ごろの家賃収入とは別に、インフレにより不動産の資産価値が急増する可能性があり、この場合は大きなメリットが得られることになります。

不動産に興味がない人、不動産のインカムゲインだけでは収益が少ないと思っている人なら、自宅のほかに収益が得られる不動産を持つことが有効です。

賃貸併用住宅を取得し、その住宅ローンを家賃収入で支払い、一般的な住宅ローン相当額を毎月自分の口座に預金し、繰り上げ返済に回し、35年ローンをその半分の期間で完済すると、自宅が担保価値を持ち、もう一つの収益物件を持つチャンスが生まれます。

これは戸建て住宅取得者にはできないことで、賃貸併用住宅を取得した人のみが得られる大きなメリット、いや特権と呼んでも良いでしょう。

賃貸併用住宅のメリットとリスク

昨今は給与所得が減っているにもかかわらず、消費税増税や小売商品の価格が上昇しています。固定資産税も上がり始め、相続税の負担も増加傾向にあります。

今までは東京都内に戸建て住宅があるだけでは相続税支払い対象になりませんでした。しかし、今後は23区内に戸建てを持っている人の大半が相続税を支払う必要が出てきました。つまり、マイホーム所有者の税負担が増えるということです。

また、自宅を所有すると、維持修繕費用もかかります。

（1）賃貸併用住宅の第一のメリットは、家賃収入が得られることです。自宅が家賃を稼いでくれれば、当然ながら家計が楽になります。

しかし、賃貸経営は100％成功するとは限らない、というリスクもあります。また、通常の自宅よりも建物取得費用が大きくなります。このため、通常の戸建て取得よりも大きな借入額が必要となります。これも見逃せないリスクです。

空室になった場合は、より一層、大きな負担になります。この最大のリスクである空室を避けるためには、やらなければならないことがありました。おさらいしておくと、それは賃貸併用住宅の立地を選び抜くこと、入居者が住みやすいと思える街であること、利便性の高い駅の近くであることなどです。

また、貸し出す部屋についても工夫が必要です。どこにでもあるようなワンルームではなく、入居者目線で他と差別化できる部屋を作ることが大切です。

（2）立地と建物の価値は、安定した賃貸経営の必須条件です。しかし、立地と建物が良くても賃貸経営で失敗をしてしまうことがあります。新築でも、いつも投げ込みチラシが散乱していて、ゴミ置き場が汚いようなところには、人が寄りつきません。賃貸経営では、建物の管理や入居者へのサポートが、安定経営のために絶対に必要なのです。

一般的なアパートやマンションでは、オーナーさんが近くに住んでいないため、エントランスや建物などの掃除が行き届いていないことがよくあります。しかし、賃貸併用住宅では、オーナーさんが同じ建物にいるために、エントランスなどの共用部分を常に掃除することができます。入居者が快適に暮らせる状態ができれば、おのずと退去する人が少なくなります。その結果として、安定した賃貸経営が成立します。

また、賃貸併用住宅の傾向として、女性の入居者が多いという特徴があります。都会は犯罪も多く、オーナーさんが同じ建物にいる点が安心材料になるからです。賃貸併用住宅は、この性質を的確に活用することで多くのメリットが得られます。

継続的に成功するための大切なキーワード「モウコリタ」の精神

仏教でも使われる「忘己利他」（モウコリタ）という四文字熟語があります。「モウコリタ」を「もう懲りた」の語呂に合わせると、覚えやすいでしょう。先日、この言葉のことを知り、賃貸業にも生かせる考え方だと、とても共感できたのでお伝えします。これは、最澄の言葉といわれています。

「己《おのれ》を忘れて他《た》を利《り》するは慈悲の極みなり」

最澄が広めた天台宗の公式サイトによると、人間の性《さが》として、私たちはどうしても自分中心に考えてしまいます。もっとこうして欲しい、ああして欲しいと、周囲に望むことが多くなりがちなのです。我欲が先立つのです。

自分のことは後にして、まずは先に人に喜んでいただく、それは仏様の行いで、そこに幸せがあるのだという言葉が「忘己利他」です。つまり、我欲が先に立つような生活からは、幸せは生まれないという意味です。

収益不動産を所有している大家さんが賃貸経営をする際も、この言葉が大いに参考になります。我欲が先に立つ人から発せられる言葉には、とげがあります。そして、話を聞く人は不快な思いをさせられます。

この言葉から連想される逸話に、マザー・テレサの話（講演）があります。

ある日、7人の子供をかかえる貧しい母のところ（インド）へ、マザーは両手いっぱいのお米を持っていってあげたのでした。すると母親は、そのお米の半分を手にして外へ出ていきました。マザーが問うと、隣にも同じような貧しい親子がいるので、そのお米を分けてきたのだというのでした。

自分の子供たちの一食分にも足りないお米でさえ、それを半分にして隣の子供たちも喜ぶだろうと分けてやれる崇高な精神に、マザーは感動したのです。

最近は、悪いニュースが多々あります。しかし、このようなときだからこそ、考え方を見つめ直すときかと思います。大家の立場から、入居している人に気を使うこと、関係する人を大切にすることなどを、私ももっともっと勉強させていただかなくてはと思います。

忘己利他の精神は、これから皆さんが末永く成功し続けるために必要なものです。この考え方により、オーナー自身の経営力が倍増します。お客さんとなる入居者のためにたくさんの貢献ができ、喜んでもらえます。入居者が、オーナーとなるあなたから離れることはないでしょう。重要なキーワードとして、大切に肝に銘じてください。

土地と建物での差別化が賃貸経営の必勝パターン

賃貸経営の成功ポイントは、現在から将来にかけて多くの人が住み続けたいと思う立地を選び、2人住まいの部屋を貸し出すことです。例えば、エリアとしては東京23区・多摩地区で、他と差別化できる2人住まいの部屋を賃貸することが有効です。

日本で特に良い立地が東京23区です。政治や経済など、日本の中心ですから、日本一の優良エリアといえます。ここに人、物、金が集まっていて、これからも日本の中心地であり続けます。その次にお勧めなのが、23区の隣の多摩地区です。このエリアは、土地の坪単価が都心の半分くらいで、賃料相場は都心の3分の2とそれほど落ち込まない地域だからです。他に東京以外でも、東京23区や多摩地区の条件に似ている立地条件の良い場所はあります。

土地と建物においては、次の3条件が揃えば最強と言えます。

1つ目は、土地の条件です。それは、一般には路地状敷地などと呼ばれている「クズ土地」を探します。このクズ土地は、路地状敷地の他には、敷地延長の土地、旗竿状の敷地と呼ばれています。クズ土地は、道路に2mしか接していないなど、一般的に土地として価値がないといわれているものです。通常価格の3～4割引きの破格値です。賃貸併用住宅では、最低面積は30坪を目安としていますので、この条件をクリアするクズ土地をぜひ探してみてください。

2つ目は、建物の条件です。賃貸併用住宅には、いわゆる〝長屋式建物〟を採用することをお勧めします。〝長屋式建物〟とは、2階建ての場合、2階の各部屋の玄関が1階にあり、共用の外階段や2階の共用通路がありません。外階段や共同通路を設けないことによるメリットは、各部屋の床面積が広くとれることです。

建物構造は、コストを抑えられる木造です。建物の大きさは、自宅＋2賃貸や自宅＋3賃貸までにして、コストとリスクを抑えます。このサイズが一般のサラリーマンさんや初めて賃貸経営を行なう方に適したサイズです。お部屋の大きさは30～40㎡の広さを確保します。このように長屋式建物は、土地の面積に対して最大限の建物が建てられ、結果として2人で住むことができる広い部屋を作れます。

3つ目は、室内の仕様に工夫をします。その工夫とは、ロフトと吹き抜けを設けることです。これにより室内をより広々とした空間にでき、入居希望者の内覧で驚きのコメントもいただけます。

既存のアパートでロフト・吹き抜け構造というのは多くはありません。そのため、ロフト・吹き抜けを装備することは、大きな差別化につながります。ロフト・吹き抜けの広々空間は住み心地がよく、入居者が友達に自慢するほどの人気になっています。

将来的にも多くの人が住み続けたいと思う人気のある住宅地で、他と差別化できる2人部屋を取得し、賃貸経営で成功を収めましょう。

(まとめ)

- **土地の立地条件は、将来も多くの人が住みたいと思う人気のある住宅地(例えば、東京23区または多摩地区)**
- **土地条件は、クズ土地=路地状敷地を破格で取得**
- **建物条件は、〝長屋式建物〟を採用**
- **室内の仕様はロフト・吹き抜け構造を採用**

賃貸併用住宅でも、団体信用生命保険に加入できる

銀行から不動産取得資金を借り入れたあとに、もしもオーナーが亡くなってしまったら、残債はどうなるのでしょうか？　賃貸経営が順調に運営されていても、そのかじ取りをするオーナーが万が一亡くなったときを考えると、**団体信用生命保険の活用**が有効です。

団体信用生命保険とは、住宅ローンを借りた人が亡くなった場合や、高度の障害になった場合に、残りの住宅ローン全額を金融機関が代わりに支払ってくれるというものです。一般の生命保険とは異なり、保険金の受取人は住宅ローンの債務者ではなく、金融機関になっています。そのため、金融機関が保険金を受け取ったときに住宅ローンの債務が相殺され、これによってローンが完済となります。

この保険は戸建てやマンションだけでなく、賃貸併用住宅を取得したときにも、住宅ローン債務者が加入することができます。このときの債務者は物件を取得するオーナーですので、オーナーが亡くなってしまっても、残された家族は大きな債務を負担することがなくなります。つまり、残された家族はローン債務のない土地と建物を取得することができます。

賃貸併用住宅を取得した場合でも、家賃収入から毎月のローンの返済が差し引かれた残りが利益と見なされています。しかし、団体信用生命保険を活用することで、毎月のローンの返済

が不要となって毎月の家賃がまるまる手もとに残るので、残されたご家族の生活資金としてじゅうぶんな収入となります。

この団体信用生命保険には、いくつかの種類がありますので確認しておきます。

この保険が適用される通常の団体信用生命保険に加え、**三大疾病保障付保険**（癌・脳卒中・急性心筋梗塞）、**七大疾病保障付保険**（三大疾病＋高血圧性疾患・糖尿病・慢性腎不全・肝硬変）、**八大疾病保障付保険**（七大疾病＋慢性膵炎）などがラインナップされてきています。

保障範囲を広げた団体信用生命保険の保険料は、別途上乗せされる可能性があります。

また、団体信用生命保険の保険料は住宅ローンの金利に含まれている場合と、あらかじめ保険費用を支払っておく場合など、複数の支払い方法があります。任意になりますので、加入を希望する方は、別途保険料の支払いが必要です。一部の金融機関では、団体信用生命保険の加入が必須となる場合もあります。

金融機関によっても保険金の支払い条件が違うこともあるので、加入する際はきちんと確認しておきましょう。万が一のときに残された家族の生活が不安と思われる方こそ、あらかじめ団体信用生命保険に加入しておくことをお勧めします。

賃貸経営の成功と失敗の分かれ目は物件管理にある

「賃貸経営でこんなにうまくいっている自分が信じられない」

今までに私がサポートをして賃貸併用住宅のオーナーになったサラリーマンさんからよく聞く言葉です。また、15年前の私を見たら、4棟21室を所有して、黒字経営できている今の姿が信じられないでしょう。

ただ、今までサポートした中で、中古アパートのオーナーさんから、良くない話も聞いてきました。

(A)「満室の中古アパートを購入した後に初の退去があり、室内を見たら汚く、畳を開けたら、基礎部分の柱がなかった。シロアリに食べられていた」

(B)「満室のアパートを購入したが、数カ月後、一斉に退去された」

しかし、賃貸併用住宅を安定して経営できていると、トラブルなく家賃が得られて、銀行への返済を差し引いた利益を無事に確保できます。3年、5年、10年が過ぎ、いつの間にか借入金が大幅に減っているという状況となっていくのです。

先ほどのようなアパート経営でよくいわれる苦労は、私には起こりませんでした。

事前の対策が功を奏していたからです。

上記の（A）のケースは、中古アパートの事前のチェックができていれば避けられます。しかし、まだ物件を購入していない人が、入居者の部屋に入り畳を開けることはまず不可能です。中古アパートの事前確認をするのは至難の業です。

私が選択したのは新築ですので、まず更地の状態を確認して、建物ができる前の建材に異常がないかについても事前にチェックができました。

日本にはシロアリがいるので、シロアリ対策を事前にするべきです。まず、基礎の構造に注目します。昔の建物は土の上に基礎を並べる「布基礎」が多かったのですが、この工法は地面からの湿気は避けられません。通風を良くし、基礎部分の乾燥を保つことができる「ベタ基礎」を選択します。このベタ基礎は、地面にコンクリートを敷き詰めたものです。これでシロアリトラブル（A）は避けられます。

設計士や施工業者の質によっても結果が変わってきます。

（B）のケースでは、不動産売買での隠れた悪意に注意をしたほうが良いでしょう。たまたま一斉に退去する時期だったかもしれませんし、建物自体に異常があったのかもしれません。しかし、売主、または仲介業者の巧みな物件売買の技術にはまってしまうケースも確かにあります。

どうしても売りたいとき、売値をあげたいとき、6室中3室しか埋まっていないアパートよりも、6室中6室満室のアパートがより高く売れます。

ここで戦略的に、入居者を入れておくケースもあるそうです。これは、買う側として特に注意したいところです。このケースはレントロールという数年間の入居・家賃状況の一覧表や、賃貸借契約書の写しを見せてもらえると避けることができます。

今はさらに巧妙になっている場合があるようです。責任感がなく売買だけでその後無縁となる仲介業者ではなく、責任感が強く、これからも長く付き合っていける仲介業者と出会うことが大切です。
・お金のトラブル、契約のトラブルに巻き込まれないか。
・信頼できる人か、誠実な人か。
など、悩みは尽きません。

中古か新築か、良い設計士に出会えるか、良い施工業者に出会えるか、そして、良いアドバイザーからのサポートがあるかなど。それぞれのタイミングに、成功と失敗の分かれ目がたくさんあります。誰に出会い、どのような選択をするかが大事なところです。

それらを一つひとつ乗り越えて安定した満室賃貸併用住宅経営を成功させてください。

具体的に数値に落とし込むことではっきりと見えてくるもの

まだ一度も成功したことがないときには、「本当にオーナーになれるのだろうか」と不安を持つのは一般的なことです。

ところで、毎月30万円の副収入があることは、成功といえるのでしょうか。私から見れば不動産から毎月の収入が30万円あれば成功といえるのですが、一部のお金持ちに言わせれば、まだ成功ではないと言うかもしれません。

不動産の価格は大きな額ですので、一言に成功とか、失敗とかを聞くときにはその金額までを確認したほうがよいのです。例えば、1億円の資産がある人から見れば、100万円は資産のうちの1%ですが、年収が300万円ほどの人から見れば、年収の3分の1もの大金となります。年金同等額の25万円が退職後に毎月の家賃収入額として得られるのならば、年金問題について不安になる必要はありません。

しかし、実際はそうとは言えない面もあります。不動産を取得するときに大半の人は銀行から借り入れを行います。家賃収入から銀行への返済が必要となり、毎月の手残りは半分の10万円ほどになってしまいます。場合によっては、毎月の手残り額が5万円となってしまうかもしれません。毎月の手残り額5万円は成功と言えるのか、そうではないのか。

一般の家庭のお父さんの毎月のお小遣いが3万円とも言われており、それに5万円が加わり毎月8万円となったら、毎月のお小遣いが2倍以上になるのですから、それはもう嬉しいはずです。

ここでお伝えしたいことは、この毎月のお小遣いの話ではなく、成功か失敗かをあいまいに考えてはいけないということです。成功といえるか否かを、細かな数値に落とし込み、より具体的に考えることです。

不動産では取り扱う額が何千万円と大きいですので、数百万円の利益ならば成功と考えるのではダメです。このように大きく考えると博打のようになってしまいます。

そこで、期間を月ごとに区切り、収入と支出を細かくノートに書き示し、堅実に数万円の変化までを突き詰めていくことで、事業として成り立つものであるかどうかがわかります。

こうすることで、本当にあなたが望んでいるものがなんであるかが見えてきます。無駄に時間を費やして、そして大事な資金も使い、身内をも巻き込んで、望まない結果となることは、あってはいけません。場合によっては、自己破産になってしまうかもしれません。これは大きな不安となり、冷静に考えることができなくなり、前向きに行動をすることもできなくなります。

だからこそ、より具体的で明確な数値をもって事業計画を立てる必要があり、また、その作業の過程で自分が何をすべきなのかが鮮明に目に見えてくるようになります。その課題が見つけられたら、成功まであと一歩です。人は課題を見つけるまでは、あれやこれやと遠回りをしますが、課題が何かがわかりさえすれば、後はその課題解決に向けて、一直線に進むだけですから。

お先真っ暗な状態ではなく、先の道が明るく見えている状態です。これこそが、あなたが成功をつかむ道にほかなりません。

第6章

賃貸併用住宅はオーダーメイドがいい 建築&管理編

~明確な差別化ポイントがあるからこそ利益が取れる~

建築プラン検討の心構え　入居者の理想の暮らしをイメージする

賃貸経営で成功をするためには、入居者にとってより良い住環境を構築することです。そうすることで、多くの入居者から注目され、満室が維持できるのです。これが空室対策となります。ここを甘く考えると大変な失敗を招きます。

ただし、選んだ土地の価格が高すぎるなどして、収入を出費が上回り、利益がなくなってしまってはいけません。

品質が良いのに割安感のある部屋にするために、オーナーがどれほど工夫できるかが勝負だと思います。多くの人が最も住みたいと考える東京にも、劣悪な部屋が多く存在するのです。

・入居者のために住空間を改善すること。

・オーナーにとって収益性を伴うようにすること。

東京でも、この両方が成立する余地はまだ残っています。ワンルームマンションは供給過多ですが、そうではない聖域もあるのです。

地方の場合、土地や建物が安くて購入しやすい、とよく言われます。しかし、それらの物件は入居者のためではなく、オーナーの利益を優先して運営されている場合が多く、今のままでは空室が増え、運営が立ち行かなくなり、撤退せざるをえなくなります。こうした旧態依然とした形ではダメです。

快適な建物は住む人を快適にし、元気な人が街に増えることは社会貢献にさえなります。誰もが住みたいと希望する街に、最高の部屋を作り上げることを目標にして、その目標を達成するために何をすべきかを考えてみることが大切です。

ソウレンホウが窮地を救う

ソウレンホウ（相談、連絡、報告）はとても大切なことです。一般の仕事でも、ホウレンソウがじゅうぶんでないと大きな問題が発生します。このことは賃貸経営においてより重要になってきます。賃貸経営では、ホウレンソウの中で「相談」が一番重要です。

銀行からの連絡に気づかなかったことで、融資契約（金銭消費貸借契約）に必要な書類を期日内に提出できなくなったらいけません。オーナーとなる人の判断が契約においてとても重要で、その連絡内容が不適切であると契約内容が変わってしまいます。

ある土地を購入する条件として、建物の解体を売主が行う場合、契約書面の内容に記載されていないと、その費用の数百万円について、再度話し合う必要があります。多くの仲介業者も最大限注意を払いますが、不動産契約においては複数回のチェックが有効です。オーナー側でも曖昧なことにならないように気をつけたいものです。

コミュニケーションを丁寧に行う人と、そうでない人とでは、サポートする業者さんの気構えが異なってきます。曖昧な気持ちで商談を続けていたら、それがトラブルにつながることがあります。相手方はオーナーの言葉に真剣に対応しています。その真意を汲むことができないような応対だと、契約が破談となる可能性があります。

賃貸経営を安定して継続し、大きな収益をつかむには、関連する人の協力がとても重要です。ホウレンソウがしっかりとできていないために、チャンスを逃してしまうこともあります。その点、じゅうぶんに注意してください。

ホウレンソウだけではありません。**服装、態度、しぐさ**にも大きく左右されます。一般的なビジネスマナーを守りながら折衝することが大事です。不適切なホウレンソウの後に他人の責任にしてしまう発言——、本人は気がついていないかもしれませんが、周りの人はみな気がついています。そのことは指摘されるケースが少ないので、本人はずっとそのことを知ることはありません。

賃貸経営は、オーナーさんを中心とした重要なチーム事業です。ホウレンソウを適切に行い、周囲の関係者への心配りをきちんとすることで、着実に成功をつかんでください。

施工業者の努力を汲み、長く良い関係を保つことが大切

建築は見えないところで差が付きます。基礎も、柱も、梁も、壁やクロスに隠れてしまうことが多いものです。基礎の下の地盤についても同様です。しっかりと地盤調査がされていること、軟弱な土地の場合、丈夫な杭が装備されていることが重要です。見えないところにこそ、建物の本当の価値があります。

しかし、性能を重視しすぎて高コストの装備をしてしまっては、費用負担が大きく、収益が上がりません。設計施工チームの会議では、「コストをかけすぎずに、性能を上げることが大切」「遮音性が高くなったとしても、コストを見直せる方法があるはずだ」「いやそれはできない」などなど、熱い討論が行われます。

例えば、遮音シート2枚張り、そして、石膏ボード4重張りが、木造での最高の遮音性を発揮することを、入居者のほとんどが理解していません。施工業者は遮音に関して様々な努力をしているのです。

賃貸併用住宅建築が得意な業者は、入居者の心理についても精通しています。建物装備以外にも、次のような騒音問題を知ったうえで、素材の選択を業者が行っています。

（1）素晴らしい騒音対策を装備している家でも、窓が開いていれば音が伝わる。

（2）疲れがたまっている人、精神的に支障がある人の場合はクレームが発生しやすい。

これらのことを加味して、施工業者は工事を進めています。

またコストについても、施工業者は多くの工夫をしています。コストに見合う機能が保持されているのか。短期的に効果が明確であるか、長期的に効果がわかるものなのか。そのコストと機能についての確認が必要です。優れた機能があるものでも、大きなデメリット（＝気づいてもらえない）があります。オーナーは新しく追加される設備を使用する場合、コストと機能についての説明を受けます。しかし、実際に使用する入居者が新機能を求めていない場合もあります。または高コストの装備や素材であっても、入居者が気づかないケースもあります。このあたりも施工業者が適切なアドバイスをしてくれます。

オーナーさんは入居者のために良い機能を装備し、空室対策を講じますが、入居者が100％納得してくれるわけではないのが難しいところです。これを考慮し、コストをかけるのなら、より多くの入居者が必要とするものにコストをかけるべきです。

逆に、どんなに高機能なものをつけても、基本的な機能が入居者の考える最低限度必要なレベルにまで達していなければ、クレームがたくさん起こるでしょう。入居者が一般的であると思っているレベル以上にしておかなければなりません。

コストと機能に関して、賃貸併用住宅のオーナーがその良し悪しを容易に判断できるように施工業者は準備をしています。低コストでより良い機能を装備して、より高い家賃で満室にしたい。これらの希望を満たすべく、設計士や施工業者は意見を交わします。新規機能がコストアップになってしまうときは、再度、素材探しをします。設計士、施工業者はこれの繰り返しです。業者はより安くて、よりよい機能を持つものを探し続けます。

努力をしている業者だからこそ、競合物件には負けない魅力のある優良物件ができ上がるのです。見えないところで良い仕事をする業者さんとお付き合いすることが、オーナーとして成功をつかむ秘訣です。着実に素晴らしい業者さんとの良縁を築いてください。

収益不動産はたいてい数千万円以上かかるので、慎重になると同時に、資金が無駄にならないか不安になります。さらに、取得だけでなく、その維持をしていかなければなりません。自己資金の準備ができた後に、素晴らしく収益性の良い物件が売りに出ていて、購入できるチャンスが目の前に来たときに、関係する業者に対してあなたがどのようなコミュニケーションをとるべきか、ふだんから注意しておく必要があります。

不動産を購入するとき、良い物件ではたいてい競合する買主が現れます。競合する買主がいるときには、どちらが先に購入する権利を得るのか、時間との勝負になります。こんなときこそ、冷静に会話を進めなければいけません。

絶対にやってはいけないコミュニケーションが2つあります。次のような例です。

・気の利かない発言

・自分本位で相手をつぶしてしまうような発言

・暴言

などです。

このようなコミュニケーションをすると、協力している関係業者からの信頼を失います。かくいう私も、不動産を購入し始めた当初は、何度も不安になり、疑心暗鬼になったものでした。厳しい状況の時こそ、落ち着いてください。冷静になれば、普段見えているものが当たり前に見えてきます。

不動産業者、建設業者などは、このような買主の精神状態を熟知しています。皆さんプロとして、不慣れな買主さんが自暴自棄にならないように、気を使い発言をしています。苦しい状況では、セルフコントロールが難しいものです。だからこそ、セルフコントロールができるオーナーさんになることが成功への近道なのです。

賃貸ビジネスにおいては、

・冷静になること

・平常心を維持し続けること

は基本中の基本です。

業者さんを見極めることは難しいことではありません。あなた自身が冷静でいれば、自然とその善悪を見極めることができます。もし、悪意のある業者なら、その業者に次の仕事はありません。

また、苦しい状況をあなた一人で耐える必要はないのです。無理せず、落ち着いて、平常心で識者に相談をすれば良いのです。業者の想いをくみとれるオーナーさんは少ないため、こうした人間関係への気配りは特に有効に働きます。

建物の価値を上げれば高収益

賃貸経営では、入居者に住みたいと思われる部屋を提供することが大切です。世の中の賃貸物件を見渡すと、立地が良くても、空室の部屋がたくさんあります。

なぜ、これらの物件は空室なのでしょうか？　それはずばりオーナーが業者のいいなりのまま建ててしまい、どこにでもあるような一般的な建物になっているからです。その結果、デザイン性が低く手狭の部屋となってしまいます。魅力のない部屋を賃貸物件として所有してしまうと、入居者を集めるのが難しくなります。

賃貸経営のオーナーとして賃貸併用住宅を建てるときは、誰もが入居したいと思うような建物を所有できるよう、最大の注意を払うべきです。一般的には駅に近い物件が有利といわれていますが、地理的条件だけがすべてではありません。駅近の物件よりやや遠くても、魅力的な建物が選ばれることがあります。

例えば、築古の建物と新築の建物の比較が、わかりやすい事例です。駅徒歩5分の築40年の物件と駅徒歩7分の新築では、新築物件が選ばれやすいものです。これは、駅に近い土地を所有している地主さんに対して、新規参入するオーナーが高い収益を得られる事例です。よい立地を所有しているオーナーは、建物の差別化に力を入れていないため、所有しているのが普通の建物となってしまっています。

新規参入組が高い収益を上げる秘訣は、魅力ある建物を作り上げることです。そして、新旧の差でなくとも、建物について創意工夫をすることにより、入居者に住みたいと思ってもらうことができます。建物で最大限の工夫をするためには、建物の設計段階からの参加が必要です。新たに賃貸経営を始めようとしている人は、中古建物、または新築建物のどちらを所有するか悩まれますが、他にはない工夫を取り入れることができる新築建物が圧倒的に有利です。

新築の建物であっても、完成物件や計画が確定している物件を購入するのではなく、建物の設計段階から工夫ができるものを選択するべきです。新築完成物件はハウスメーカーや建設業者が設計したものであり、最低限の設備しかなく、業者がいかに利益を出すかという考えのもとに造られています。そのため、クォリティが低く、長期間継続して安定的に満室にするための工夫が足りません。

これは中古建物にもいえることですが、建物内により多くの部屋を詰め込むことで入居者数を増やすという設計です。これにより最初に想定される毎月の総家賃をかさ上げできるように建物が設計されています。

その結果、1つの部屋の面積が狭くなってしまいます。賃貸マンションなどでは、1階分を増やすために、部屋の天井を低くするという無理な設計をすることもあります。建物が建てられた新築当初は満室を維持できますが、築年数が経過すると古くて狭い部屋となり、長期にわたる満室経営は難しくなります。現在の新築物件でもこのような傾向があるので注意が必要です。

新築の既存物件だけでなく、中古物件でもこのような傾向が多々あります。そして、その中古物件の空室問題に所有者が困り果てて、ついには物件を売りに出しているという実例もあります。このような中古物件はたとえ価格が安くても、購入すべきではありません。良い立地でも住みにくい建物を所有しているという欠点を持つオーナーに、新規参入者が勝ち抜いていくためには、デザイン性や機能性に優れた建物にする必要があります。

建物の設計段階からの創意工夫が、これから不動産経営を始める人のチャンスとなります。

土地を持っていない新規参入者が、既存オーナーたちに勝つための秘訣がここにあるのです。

賃貸経営における3つの必勝パターン

賃貸経営の理想は、年間2000万円以上の家賃収入がある状態です。これくらいの家賃収入があれば、一生安泰といえるでしょう。これを達成するために重要なポイントがあります。

それは、新築で建てるということです。そして、入居者のターゲットは2人住まいにすることです。しかし、2人で住める部屋がある中古物件を取得しようとしても、ほとんど売りに出されていません。それは、かつて建築会社が2人住まいの需要を見落としていたため、そもそもこのような住居が作られていないからです。

そして、中古物件を取得するよりも、新築物件を建てたほうが建物取得後の利益が大きくなります。

ローン完済後は、賃料各9万円の2部屋に加え自宅を15万円で貸し出せば、毎月33万円で年間350万円以上の家賃収入が手もとに残ります。建物が使用できる期間は、現存の建物で35年ほどです。

しかし、売りに出されている中古物件のほとんどが、築20年を経過しています。つまり、使用可能期間は残り15年ほどと短いのです。さらに、中古物件では以前のオーナーがどのように建物のメンテナンスをしていたかわかりませんし、ほとんどしていないケースも多々あります。そのため中古物件の使用可能期間は35年間ほどとなります。

それに対して、近年の建築技術が向上している新築物件では、メンテナンスをきっちりと行うチャンスがあります。メンテナンスにより、建物の寿命は長くなり、新築時から50年、60年経っても大丈夫、という物件も珍しくありません。

築20年の中古物件を購入した場合、残り15年間しか使用できません。これに対し、新築物件を取得した場合、50年以上も使用できることになります。つまり、使用期間が約3〜4倍も異なるのです。

また、オーナーが設計士や施工業者としっかりプランを検討した新築物件は、過去の既存の建物よりも家賃が高く取れます。新築物件は、建物使用期間がとても長く、そして月の家賃も高いため、トータルの収入が多大になります。これにより、キャッシュフローが好循環し、次の新築物件の取得も可能になるので、収入が将来に向かって増え続けるのです。

この戦略により、2人部屋の新築を建てれば建てるほど、将来の生活の安定を確保できるのです。2人住まいに適した新築賃貸併用住宅の取得を賃貸経営戦略に取り入れて、あなたも成功をつかみましょう。

消費税対策として中古ではなく新築が有効

今後10％になる予定の消費税増税については注意が必要です。賃貸併用住宅は大きな買い物ですので、最も増税の影響を受けます。建物価格が3000万円で、消費税が2％アップすると60万円の負担となります。例えば、銀行融資額がギリギリの場合、増税後だと賃貸併用住宅が取得できなかったかもしれません。消費税が上がらないうちに物件を取得したほうがよいのは確かです。

そして、ニュースでは「増税前に、人々が物を買い占めて、一時的に物が売れる時期が来る」と、しきりに駆け込み需要がいわれています。しかし、収益物件に関しては、やはり収益性を見間違わないことが大事です。収益性の悪い物件を取得しては、元も子もありません。

そして、もう一つ、購入しやすい中古アパートの取得を検討している方に注意してもらいたいことがあります。中古アパートはある程度築年数が経過したものが売りに出されています。それらは購入後2～3年で高額な大規模修繕が必要になります。その修繕費は数百万円、場合によっては1000万円以上かかるものもあります。

消費税対策として急いで購入しても、その後の修繕費に消費税がかかってしまうので、本末転倒です。さらに、消費税増税前は特需となり、中古物件が高額になりやすい傾向があります。

中古物件では特に有効に働くはずの値下げ交渉が、特需のせいでできなくなってしまうことも多々あります。その点、新築物件ではそんな心配はないし、完成してしばらくは修繕コストがかからないのがメリットです。

消費税増税のニュースに惑わされて、思いもよらない間違った判断をしないように注意をしてください。このように、しっかりと物件を見極めることで初期費用が抑えられ、きっちりと建物を建てることで修繕費用がかからないようになります。

中古物件ではなく、優良な新築物件を取得することが消費税対策となるのです。

構造と間取りで差別化する

賃貸経営で一番避けたいのが空室です。空室対策として、しっかりとした市場調査が必要です。賃貸経営を始めようとする地域には、すでに賃貸物件がいくつかあるはずです。その近隣の賃貸物件が、あなたの競合物件となります。

まず、その競合物件がどのような間取りの部屋であるかを知っておく必要があります。その地域にある賃貸物件を見ることで、どのような人が住んでいるのかを知ることができます。そして、その地域の入居者のターゲット層を知ることもできます。

競合物件を知らなければ、的外れな部屋を建築し、所有してしまうことになります。

これにより、次にやるべき対策は、

・近隣の空室がある物件とは同じことをしない

・満室物件の良い点を取り入れる

また、競合物件と同じような立地・同じ間取り・同じ設備では入居者はどちらの物件を選べばよいのか迷ってしまいます。家賃の安い部屋を選び、その後は家賃の値下げ競争となりかねません。空室対策のために家賃を下げ続けるのは、まったく意味がないことです。安定した収益を維持するには、家賃を下げずに満室とする方法を見つける必要があります。そうして競合物件との差別化を図ることです。

例えば、同じような立地・設備、そして、同額の賃料であれば、より広い部屋が入居者に選ばれます。また、同じような立地・間取り、そして、同額の賃料であれば、より優れた設備の部屋が入居者に選ばれます。

しかし、部屋を広くしてより優れた設備にすると、費用がかさんでしまいます。そこで、適切な費用に抑えつつ競合物件との差別化を図る方法を取り入れるべきです。建物構造が同じ物件では大きな差別化が難しいものです。一番効果的な差別化は、建物を新築するときに建物構造や間取りで差別化を図ることです。

・ベランダを狭くするなどして物件内に広い空間を確保すること

- **天井が高い吹き抜けを確保すること**
- **室内にロフトを入れて機能的にすること**
- **2人住まいの部屋にすること**

これらの項目は、従来の建物を改築することではできません。

物件を取得する前だからこそコストを抑えて、空室対策ができます。

1．競合物件の存在を知ること

2．競合物件との差別化を図ること

この2つの作業を必ず行って、安定した満室経営を築いてください。

空室をまねく6つの落とし穴

賃貸経営を始める前に、空室対策を考えておくことが大切です。賃貸経営で最もやってはいけないことは、空室状態の放置です。家賃収入があるから、借入の返済ができ、諸経費を支払うことができ、収益を手にすることができるのです。

家賃収入がなければ、すべてが止まってしまい、破産に追い込まれることもあります。空室対策については、2つの時間帯に分けて考えるべきです。

1つ目は空室にならないための対策、2つ目は空室になった後の対策。

より重要度が高いのは、空室にならないための対策です。空室になった後では、やれることが限られてしまう上に、あわてて対策をしても、時間が刻一刻と進むだけで、家賃の回収ができなくなることが多いからです。建築前に万全を期したほうが何倍もリスクが軽減できます。

ここで、空室とはどのような状況であるかを確認しておきます。端的に言って、募集をしても入居者からの申し込みがない状況のことです。部屋を探している人が、家賃を支払ってまで入居したいと思わない状況とも言えます。その理由は、いくつも考えられます。

主なものに絞っても、

1. 場所が悪い

2. 建物が悪い

3. 部屋が悪い

4. 設備が悪い

5. 家賃、礼金、敷金、共益費が高い

6. 建物管理が悪い

ほかにももっと多くの原因が考えられます。

この6項目は、3つの対応に分けられます。

（1）1～3番は、建物完成前に工夫ができるものです。

（2）4番は、建物完成前と完成後に工夫ができるものです。
（3）5〜6番は、建物完成後に対応ができるものです。

家賃の値下げは避けたいですから、有効な空室対策は場所、建物、部屋に対して創意工夫を行うことです。部屋の改良は建物完成後にも可能ですが、建物建築時よりも多くの費用がかかり、また工事中は空室期間がさらに延びてしまいます。有効な空室対策は、〝立地選び〟と〝建物設計〟に絞られるのです。より多くの入居希望者が住みたいと思う立地を選び、誰もがとても良いと思う建物と部屋を作り上げることが大切です。

入居者募集をしたらすぐに入居の申し込みがある物件を持つのが理想です。オーナーの利益を優先して、価格は安いが駅から遠い土地や、安い費用で建てた住みにくい物件を選択したら、空室が多くなります。土地を選ぶとき、建物を作るときにオーナーが気を緩めてはいけません。もちろん、適切な家賃設定をすること、適切な建物管理を行うのも大切なことです。

しかし最も有効であり、事前に準備をしておかなければならない空室対策は、つまるところ立地選びと建物と部屋作りなのです。

空室対策は、満室のときの入居者ケアが大切

空室対策よりも必要なのが、満室時の入居者ケアです。満室時の入居者ケアのことを、満室

対策といいます。８割の力を満室対策に使い、２割の力を空室対策に使うべきだと私は言っています。

多くのオーナーは逆に９割以上の力を空室対策に使い、満室対策に使っている労力は１割以下です。空室のときはオーナーが重い腰を上げて必死に入居者を募集するのですが、満室のときにはなにもしないのです。実は、空室対策に比べて満室対策は労力がいらず、ローコストで効果が出やすいのをご存知でしょうか。空室で一番困るのは家賃収入がなくなることであり、空室状態が長引けば長引くほど、収益のロスが日々積み上がってしまいます。

時間が経つにつれて、オーナーの精神的な負担が増えます。また、空室の部屋を募集することは、多くのほかの空室物件と競い合うことです。多くの空室の中から、あなたの物件が選ばれるのは容易なことではありません。古くても賃料の安い部屋を選ぶ人もいます。同じような立地と部屋の大きさで、あなたの物件よりも新しい物件がもっと安い賃料で募集されるかもしれません。しかし、立地と部屋の大きさが同じでも、すでにあなたの物件に住んでいる入居者は、あなたの部屋を選んだ人です。この入居者が満足しているなら、近隣の競合に引っ越すことはありません。引っ越しは、引っ越す人にとっても費用が負担となります。

引越し業者への支払いのほかにも、新たに賃貸契約をすることで、礼金、敷金や仲介手数料も発生します。住所変更もしなければなりません。会社や友人、そのほかの関係者に、転居の連絡をする必要も生じます。入居者にとって、引っ越しをするのは相当な労力が必要です。不動産業者や貸主にとって、空室後に入居をしたいという人を探すのは簡単ではありません。

しかし、満室の場合、あなたの部屋の入居者だけをケアすれば良いのです。直接、入居者に貸主から好意的なアクションを起こすのはそれほど費用もかかりません。更新時に、クオカードや商品券を渡すことも有効です。1万円ほどのコストで、効果はとても高いのです。なぜなら、貸主から入居者への気持ちを表現すること、それが伝わることが大切だからです。貸主でこのようなサービスをしている人は、まだ多くないこともお勧めする理由の一つです。空室の場合は空室期間の賃料を失い、仲介会社に入居者募集の広告料を支払うケースも多々あります。

家賃が5万円の部屋でも、1カ月の空室があれば、5万円以上のロスが出てしまいます。それが何カ月も続けば、何十万円ものロスとなる場合もあります。入居者に、気持ちよく住み続けてもらうことはとても大切なことです。そのために、借主さんが入居しているときに、貸主が感謝の気持ちを表すことをお勧めしたいのです。

満室対策は、労力と費用がかからず、より効果的な対策といえます。空室となってから困る前に、満室対策を心がけてください。

空室対策の基本（物件取得前）

日本中の都市部で、貸家がない街はないともいい切れます。これから賃貸経営を始めるとき、その地域ですでに賃貸経営を行っている競合物件が存在します。競合物件がどのような条件で貸し出されている部屋であるかを知らなければいけません。その地域にどのような部屋があるかを見ることで、どのような人が貸家に住んでいるのかを知ることができます。

ファミリー層が多く住んでいる地域なのか、単身、またはＤＩＮＫＳ（子供のいない共働き夫婦）が好む地域なのかなど、入居者のターゲット層を知ることができます。競合物件を知らなければ、的外れな部屋を所有してしまい、いつまでたっても空室が続いてしまいます。物件の取得前に、現地調査を念入りに行うこと、競合物件の存在を知ることが大切です。

これにより、自分の物件が空室になる原因、入居者が自分の物件を選ばない理由もわかるようになります。

1　競合物件の存在を知ること

2　競合物件との差別化を図ること

この2つの作業を必ず行って、安定した満室経営を継続してください。

物件取得後の空室対策の3つの基本

1適切な物件管理の基本

建物を取得して無事に満室経営ができた後でも、やっておくべき大切な空室対策があります。建物は生き物です。建物は屋外にありますから、砂ぼこりが舞い、雨にうたれて汚れます。木の葉が飛んでくることもあります。住居用の建物ですから、ごみも出てきます。新築時のきれいな状態が永久に続くことはなく、必ず汚れが出てきます。

よりきれいな建物と敷地を維持し続けるには、共用部の掃き掃除、外壁、扉やサッシの拭き掃除をすることが非常に大切です。ごみ置き場の掃除がされないまま放置され、共用部分に粗大ごみが出されたままだったら、そこに住んでいる入居者も不快な気分になります。入居者が快適な気持ちで生活を継続できていれば、引っ越したいと思うこともなくなります。

入居者が快適に住むことができるように掃除作業をすること、適切に物件管理を行うことはとても大切です。

2入居者への思いやりを大切にする

オーナーが物件の掃除をしているときに、入居者に挨拶をすることで、良い関係ができます。例えば、朝に爽やかな挨拶をすれば、入居者の心が癒されるのです。

ところが、逆に入居者とすれ違ったにもかかわらず、無視をしてしまえば、入居者に不快な思いをさせてしまいます。ただ挨拶をするだけでも、良い関係が必ず生まれるのです。軽い会釈でもかまいません。会釈から始まり、陽気な声で挨拶ができれば、入居者と良好な関係が築けるはずです。

生活における不具合が出始めたとしても、入居者からクレームが起こったり、トラブルになったりする前に解決ができるかもしれません。例えば、洗面台の下の排水管からの水漏れのケース。排水管に水がにじんだ時点で入居者が相談をしてくれるかもしれません。気軽に話しかけられる関係性だからこそ、大きなトラブルを防げるのです。小さな不具合ならば修繕時間も短く、わずかな出費で済むでしょう。

普段のコミュニケーションが入居者との良好な関係、優良な経営状態を築くのです。

3 競合物件の現状観察を欠かさない

もう一つ、空室対策として大切なことがあります。競合物件の直近の状況を知っておくことです。

今は、インターネットで募集中の物件を容易に検索できます。所有している物件と同じ地域にある競合物件が空室になった場合、入居者募集サイトに競合物件の募集家賃が公表されます。その募集の様子をインターネット上で観察していて、その部屋が募集サイトから消えたら、入居が確定したことがわかります。

土地、広さ、家賃が同様の競合物件が募集サイト上で、なかなか決まらず1カ月も募集サイトに出されたままだとしたら、今後は自分の物件でも何らかの入居者メリットをつけるために工夫をしなければいけないと考えるべきです。

また、競合物件が以前と同じように9万円で募集され始めたのをチェックしておき、すぐに入居者が決まったら、こちらとしても同等家賃でも大丈夫だとわかるので、家賃の値上げを考えてもよいと思います。

家賃相場は下がるだけではありません。家賃相場が上昇することもあるのです。

直近の競合物件の募集家賃とその申し込みが入るまでの期間（空室期間）を知ることで、近隣の家賃相場が上がっているのか下がっているのかが判断できます。競合の募集家賃と空室期間を知ることで、市場の需要がわかるのです。

このように所有物件が満室でも、競合物件の募集状況を見ることで、近隣の家賃相場の変化が確認できます。競合の空室期間が長い場合、こちらも今までと同じような家賃では戦えないことがわかります。新たな競合物件が現れたのかもしれません。そうなれば、次の戦略を練らなければいけません。競合物件で周りを観察しているようなオーナーはあまりいません。満室運営中は、どのオーナーも楽をしてしまう傾向があるようです。

しかし、この作業は空室になったときに始めたのでは遅いのです。空室になった直後は、すぐ募集を開始しなければなりません。だからこそ、満室でいるときにも気を抜かずに、競合物件の動向を観察することが大切です。

家賃を下げることだけが、空室対策ではないのです。最後にもう一度まとめてみましょう。物件取得後の空室対策として、次の3つのことがとても大切になります。

1　適切な物件管理を継続する

2　入居者への思いやりを大切にする

3　競合物件の現状観察を欠かさない

基本中の基本なので、ぜひ実行してみてください。

満室対策としてここまで折にふれて記してきたように、部屋にこだわりがあるのは、何といっても女性です。一般的に、新婚夫婦やカップルが部屋探しをする際、部屋の決定権は女性にあることがほとんどです。自宅にいる時間が長く、キッチンなどの住宅設備を使いこなすのは女性です。男性はどちらかといえば、リビングとベッドでゆっくりできれば、どんな部屋でも満足できるようです。なので、キッチン、洗面台、バス、トイレは、女性が支配している空間といっても過言ではありません。

これは、単身の入居者をターゲットとしている1人住まい用の賃貸物件でも同様です。キッチン、洗面台、バス、トイレにおいて、女性から不満が出てしまっては、競合物件に負けてしまいます。女性に好まれる物件は、男性にも好まれます。しかし、男性が納得する物件だが、女性には嫌われる物件というのが多数あります。

女性に好まれる要素の1つは、**清潔であること**。この清潔さにおいて、男性のほうがルーズな傾向があります。

2つ目は、**機能的な設備であること**。料理する時間が長いのも、洗面設備を使用する時間が長いのも女性です。時間を節約できるような有効な機能が装備されている物件は特に好まれます。

3つ目は、**風呂場、洗濯機、洗濯物を干す場所の配置が適切であること**。お風呂で服を脱ぎ、洗濯をして、衣類を干す。この一連の流れにおいて、移動がスムーズにできることも重要なポイントです。洗濯機と衣類を干す場所との往復が、1年間で300回以上行う人も珍しくはありません。

以上3つの点で、オーナーさんが入居者の気持ちを汲み、建物の建築前に工夫をしなければなりません。男性が気づかないところで、女性は多くの苦労を抱えているものです。部屋を作るとき、部屋の修繕をするときは、女性の意見を取り入れて計画を進めることが大切です。

〝女性の意見を取り入れた者が、賃貸経営を制する〟といっても過言ではないでしょう。

入居者募集では、関係者とのコミュニケーションが大切

ここでは、仮に入居者から退去連絡を受けた際のトラブル事例とその対策を検証します。

問題1　仲介業者からの連絡がオーナーに届かない

ここでは、2つの事例について確認します。

1つ目は、退去連絡を受けた仲介業者がオーナーに連絡を取れない例

2つ目は、仲介業者はオーナーに連絡をしたと思っているが、オーナーが気づかない例

例えば、オーナーが留守番電話に気がつかない、あるいはオーナーが電子メールを確認していない、あるいはオーナーのFAXが故障していることなどがあります。

いずれも大きな機会損失となります。これらのトラブルが起きないための工夫をすることが大切です。

「日ごろ仲介業者と連絡を取り合っている人」と「ほとんど連絡をしない、または全く連絡をしない人」とで差が出ます。オーナーと連絡が取れないことで、仲介業者も焦り、再度連絡をしなければならないなどの手間が増えるという悪影響があります。

また、オーナーが携帯の番号を変えたとき、住所を変えたときなど、仲介業者への連絡が忘れられがちですので注意が必要です。こまめに連絡を取っておくことで、メール不着、電話不

通が避けられます。

日ごろからチェックを心がけることが大切です。つい先日、私も留守電を間違って消してしまい、その中に重要な退去連絡が含まれていたことがありました。ようやく仲介業者から退去連絡が来ていたことに気がついたのは、その数日後でした。そのため、入居者募集のスタートが1週間以上遅れてしまいました。こんなミスは、悔やむに悔やみ切れないことです。

実は、これについては業者にも落ち度があり、留守電・FAX・メールをして、3日以上も返事がなければ、再度連絡をするべきだったのです。しかし、ここで業者さんを責めてはいけません。私が業者と連絡を密にしておけば、気軽に頻繁に連絡をしてくれたはずです。

これによる効果は、

- **まずオーナーの留守電の聞き忘れなど、うっかりミスによる時間のロスがなくなる。**
- **日ごろから連絡を取り合っていると、業者さんもこの大家さんとは親しい関係だからと、客づけを積極的にしてくれる。**

なにより土地は動かせないものですし、建物に高額な費用をかけられない賃貸経営の場合、オーナーの心構えで、空室対策になるというのは大きなメリットです。

業者さんとのコミュニケーションを密にすることで、思いがけなく良い土地情報や物件情報を入手できることもあるでしょう。

賃貸経営で収益を上げるためには、誰もやらないことを実行する

賃貸経営は収益を上げられなければ意味がありません。また、誰もが簡単にやれる方法で、収益が上がるほど甘いものでもありません。簡単に大きな収益が上げられるのなら、賃貸経営はもっと大きなブームになっているはずです。

実際に賃貸経営を行えている人は、日本でもほんのわずかな人たちです。なぜ、賃貸経営で成功している人は少数なのでしょうか。これは、多くの人が利益を上げられる事業計画をつくることができていないためです。

ここで賃貸経営を実行できた人と実行できなかった人の違いを比較してみます。

実行できた人は、

- **すでに土地を所有している地主**
- **資金を潤沢に準備できている人**

などです。

土地、または資金を持っている人が有利であることは、これはもう間違いありません。一般に「銀行は地主にしか融資をしない」とさえいわれています。これが一般的な状況ですが、もちろんのこと、あなたはここで引き下がってはいけません。

賃貸経営は、誰に命令をされるものでもありません。あなたは、その賃貸経営でトップに立つ経営者として独り立ちしなければなりません。事業内容は異なっても、本田技研の創業者の本田宗一郎さんのポジションに立とうとしているのです。本田さんの魂を参考にすれば「できないことはない」という気持ちになれます。

つまり、自己資金がなくてもできることはないかと考えることで、収益物件を取得することが始まるのです。資金がある人と同じことをしているようではダメです。地主や資金がある人よりも、優れた事業計画を立てることが当然ながら必要となります。

事業計画では、想定家賃収入表や、土地や建物の取得費用概算書（見積もり）やそのほかの経費計画書、案件のアメニティやクォリティの向上につながる企画書などを作成する必要があります。このことは、経営者であるあなたにとって大きなメリットとなります。資金があっても事業計画がしっかりしていなければ、将来の収益はわずかなものとなります。

しかし、資金がなくても事業計画が優良であれば、将来高収益が得られます。地主や資金がある人を、世の中の平均的なサラリーマンや自営業者が追い抜き、その立場を逆転することができるのです。

そのためには、誰もがやらないような特別なことをする必要があります。それは、〝頭脳〟と〝労力〟と〝時間〟を味方につけるのです。

例えば、①ダイナミックな値下げ支援、②法知識を駆使した建物の最大化、③個性的かつ上質なデザイン、④最先端の機能、⑤入居者へのホスピタリティです。

良い賃貸事業計画とは、30年後も安定的に家賃収入が入ってくるものです。そのためには、今後、毎年毎年、新築物件が建てられてもその競合に負けることのない魅力のある立地や建物の工夫をするべきです。賃貸併用住宅を選択した場合、毎日掃除ができ、清潔な物件管理ができるという優位点があります。立地選び、土地価格交渉、魅力的な部屋作りなども大切です。

それに加えて、銀行から融資を得るために、自己資金づくりを工夫すること、オーナー世帯の生活費が健全であること、今後も無駄な費用をかけなくても生活ができること、そしてリスクの高い投資や事業を行わないことなど、オーナーが経済的に安定的な人物であると証明できる書面を多数準備する必要があります。

これらは、手間暇がかかりますが、銀行から融資を受けるとき、あと少しで融資が通るかもしれないというときに、とても有効なものになります。行動することや書面にすることで、融資を受けられない理由が明確になり、その理由を克服することで、次のステップに進むことができるようになります。一つ一つ抜けがないように、思いついたことをすべて実行に移すことが大切です。これらは誰もがやっていることではありません。だからこそ、有益なのです。そして、むろん不可能なことではないのです。

資金がない人でも、やればできます。そのためには、これまでの賃貸経営では誰もやらなかったようなことをやるべきです。

入居者がカギを紛失したとの相談事例

オーナーが自分で管理を行っているときに、入居者がカギを紛失してしまった。このような、時にどのような対応をすれば良いのでしょうか。

〈オーナーSさんからの相談〉

「本日8月14日の23時ごろ、入居者さんから連絡があり、家の鍵を入れた財布をなくしたため、警察で盗難届の手続きをしてきたが、部屋に入れないので鍵を貸してほしいとの連絡がありました。

とりあえず、保管してあるスペアキーを渡して中に入ることができましたが、これからの手続きについてどうしたらよいかアドバイスいただけないでしょうか？　本人は合鍵を作るようなニュアンスでした」

この問いに対し、私のアドバイスは、

「鍵の紛失については、賃貸借契約に記載されている事項ですので、入居者が賃貸借契約をした仲介業者に連絡を入れたほうがいいです。入居者への対応は、賃貸借契約をしている仲介業者の方針によりますが、今Sさんが保管しているスペアキーを貸し出している状態で構いません。

スペアキーを入居者に作らせることは禁止していると伝えたほうがいいです。退去のときに、オリジナルキーが返却されない場合、今後の物件の安全性に影響します。また、スペアキーはオリジナルキーのメーカーに作成してもらうべきです。鍵が不良品だと、錠の故障が起こります。

スペアキーの作成費用については、仲介会社からも入居者負担であることを伝えてもらうと良いのでしょう。

今回は、鍵の入った財布を紛失したということなので、住所が知られている可能性があります。これは危険な状況かと思います。

できるだけ鍵を新規に交換することをお勧めします」

以上のように返答をしました。

ポイントは、

- **賃貸借契約事項の順守**
- **入居者の安全性を重視**
- **建物設備の保全**

などです。

これらについて、賃貸借契約を行った仲介業者とともに対処すべきだと思います。

収益不動産で有効な差別化ポイント・5つの雪対策

世界中で異常気象が観測されています。日本の豪雪地帯では積雪量が多いため、建物が倒壊する事故が起こるほどです。降雪量が少ない東京でも年に数回は雪が積もります。

雪についても準備しておくことが大切です。アパートに外階段、外廊下があると、雪が積もったときに歩きにくくなります。特に屋根のない外階段に雪が積もったときは、2階から下りるのが大変です。朝起きて出勤前の慌ただしいときに、階段の雪で足を滑らすこともあります。対策としては、雪が積もった直後に除雪します。これは口でいうのは簡単ですが、実行するのは容易ではありません。実際に、日本のオーナーの大半がお年を召しています。腰を悪くしている人もいるので、除雪はたいへんな作業になります。

賃貸物件を複数所有しているオーナーの場合、物件に行く回数が増えて、除雪作業が難儀になります。サラリーマン大家の場合は、会社勤めがあるので、積雪直後に現地に行く時間を確保すること自体が困難です。

このような理由から、雪が積もったままの状況を放置してしまうのです。その結果、入居者さんが雪で転び、また玄関が開かなくなるなどの事態が生じてしまいます。これに対して、現地に行って除雪作業ができるオーナー、または、業者さんとの連携が取れている物件、管理契約をしている物件では、入居者の負担が減ります。

積雪があることで、良好な管理ができている物件とそうではない物件の違いが明らかになるのです。雪対策ができている物件は、入居者と良好な関係が築けます。その結果、入居者に長く住んでもらうことができて、家賃収入が安定します。

大家さんのために適切な積雪対策を説明します。

対策1：すぐに除雪作業をする。

すぐに現地に行き、除雪しましょう。

対策2：賃貸併用住宅を所有する。

自宅に賃貸物件が併設されているケースです。これなら、自宅の除雪をすることがそのまま賃貸物件の除雪作業になります。賃貸併用物件であれば、トラブルが起きた時にオーナー、またはその家族がいるので、常に除雪ができる環境が確保されているのです。そのほかには、建築計画時に雪対策を盛り込んでおくこともできます。建物に工夫をしておくのです。

対策3：長屋式建物を選択する。

長屋式建物は2階の各室とも1階に玄関があるため、階段は室内となります。

そのため、階段に雪が積もることはありません。また、ベランダのない長屋式建物は、ベランダに雪が積もり、建物に負担がかかることや水汚れや水苔もありません。長屋式建物は、すでに雪対策ができている建物です。

対策4：ベランダを設置しない。

これは一般的な常識を覆すものですが、ベランダをなくすことも選択肢となります。北国ではベランダがない家屋も珍しくありません。ベランダを装備しないことにより、大家さんに次のようなメリットができます。

・ベランダにごみを置かれることがない
・重いタイヤなどを放置されることもない
・ベランダでの喫煙による近隣者からの苦情が発生しない
・ベランダにタバコの火が落ち、ベランダの防水シートに穴が開くことがない
・ベランダスペースを居住スペースとすることができ、床面積を増やして家賃をあげられる

このようにオーナーにとって、多くのメリットが発生します。

さらには、すでに物件を所有している人でもできる簡単な対策があります。

対策5：敷地内にスコップを設置しておく。

敷地内にスコップを設置しておくことのメリットは、所有者が現地に行かなくても、入居者

が除雪をしてくれることです。積もった雪が凍ってしまう危険な状態を避けることができます。雪上での転倒事故の大半は、氷で足を滑らすケースです。実際に、私自身も所有物件にスコップを設置しています。

東京でも電車が止まってしまうほどの大雪が降ることもあります。この対策により、入居者が除雪作業をしてくれたケースが多々ありました。スコップを設置する以前は、大雪後も除雪がなされず足跡だけが残っていました。

この時に注意することは、金属製のスコップではなく、プラスチック製のスコップを設置するということです。金属製のスコップでは、建物を傷つけてしまう恐れがあるためです。入居者のことを大切に思っているのであれば、このように事前に対策ができることがあります。入居者との良好な関係を築いて、安定した賃貸経営を継続してください。

建物は生き物のように変化する。メンテナンスは子育てと同じ

賃貸併用住宅経営では、立地選び、建物選びと収益性が大切だと、ここまでも何度か強調してきました。それと同じくらいに、もう一つ忘れてはならないのが、オーナーの心です。

物件管理において、修繕や管理業者に対しての費用をどのように使うのか、オーナーの判断が必要となります。オーナーが修繕にしっかりと費用をかけていれば、建物をより長く健全に

維持することができます。しかし、オーナーが費用をかけなければ、じゅうぶんな管理ができず建物が劣化します。中古アパートでは、予想外に修繕費用がかかります。

例えば、中古アパートを購入した後に、柱や床下の束《つか》が腐っていたり、シロアリに食べられていたりするほとんどの場合で、柱が欠けていたことがあります。中古アパートではたいてい1室の家賃は高くないので、修繕費用が大きな負担になります。その費用負担を負いたくないのは当然です。しかし、もう少し入居者に我慢して使ってもらおうと考えているうちに、大きなトラブルを招いてしまいます。そして、修繕費用が膨らんでしまうのです。

20年前に作られた中古アパートで、雨漏りが発生したケースもあります。雨漏りトラブルでは、表に現れる雨漏りの水の量は少なくても、建物の中に雨水がたまってしまうことがあるのです。この場合、木造建物では雨水が木の柱や梁《はり》に入り込み木材が腐ってしまうこともあるのです。

建物をよく観察していると小さなトラブルに気がつき、事前に修繕することができます。しかし、オーナーが建物に気持ちを向けていなければ、建物はどんどん劣化するばかりです。建物も生き物のように変化します。自分の子供を育てるように愛情を注ぐことです。建物を生き物のように扱い、建物が長生きするように、上手にお付き合いをしていきましょう。

入居者を決めてくれる業者の3要素

入居者から退去連絡を受けた後に何をすれば良いのでしょうか。それは仲介業者に連絡を取り、客つけの依頼をすることです。

しかし、どの仲介業者が良い業者なのかわからなかったり、どの業者が早く決めてくれるのかわからなかったりすることが問題です。

レストラン評価のミシュランガイドのような不動産業者評価機関は存在しません。ですから、オーナーはいつも苦労をします。たとえそのような評価機関があったとしても、担当者によっても差があるものです。景気の良い時代であれば、どんな業者でもすぐに入居者を見つけてくれたものですが、最近では、より良い業者と出会うことができないと、なかなか満室にならないという声も聞きます。良い業者の定義も難しいのですが、満室にしていて、退去者が出ても、次の入居者を早く見つけてくれるのが良い業者です。比較的早く決めてくれる業者、なかなか決めてもらえない業者があることから、業者に何らかの差があることを感じます。

業者を選定する際は、インターネット上の一等地で営業をしている業者を選びたいものです。部屋を探している人が訪問しやすい場所に店舗があることも大事ですが、これよりも注目すべきは、以下の2つのことです。

1. ネット上での良い立地

部屋探しをネット上で行っている人が多いことから、ネット上でいちはやく自身の部屋情報にたどり着いてくれること。または、依頼している業者のネット情報にアクセスが多いことが良いのです。

もし、業者さんがなかなか決めてくれないようなら、オーナーが自分の物件の募集情報をネットで見つけて確かめてみましょう。

2. 業者間の情報網での良い立地

仲介業者では、両手の仕事と片手の仕事という言葉があります。自社でオーナーから依頼を受け、自社で入居者を見つける場合を「両手」。自社がオーナーから依頼を受け、他社が入居者を見つけて、自社と他社で協力した場合を「片手」（つまり、手数料を分け合う）といいます。

業者の中では、他社とは比較にならないほど、部屋探しをしている人が集まる店舗があるようです。以降で説明しますが、私はそうした業者を探しましょうとは言いません。

大家さんが依頼した業者が、他社と良い関係を築けているなら良い業者といえるでしょう。このような業者を探すことはなかなか難しいのですが、入居者募集の依頼をしたときの会話や質問への回答で、その業者がどのように募集活動をしているのかを聞き取りたいものです。

3. 店舗の立地条件

実際は、長い間付き合っている業者のみに任せているオーナーが多いものです。私の所有する賃貸物件のように確実に高い家賃で、すぐ決まる自信がある物件の場合、1社でよいのですが、その他の物件では、数社に同時に依頼をして、入居者をすぐに見つける確率が高まるようにしています。

こうすることで、

- **何といっても、空室時間が短くなり、安定した家賃収入につながる。**
- **ネットでの良い立地を確保している業者は、情報量も多いので良いアドバイスをしてくれる。**

まず、経営内容が良好な仲介業者と長い付き合いをしたいものです。このような業者は、常に動きがあるため、クリーニング会社・修繕会社などともよい関係であり、入居者募集だけでなく、管理などのサポートも手厚い傾向があります。

- **運営状況の良い会社は社員が元気なので、こちらも元気になり、良い循環で仕事を回していける。**
- **入居者募集が早い業者は、多くの良好な地主さんとも付き合いがある。数年間、賃貸併用住宅を安定経営して資金ができた際、もう1棟検討したいと思ったときに、良い土地情報を持っている可能性が高い。入居付けだけでなく、良い土地情報ももらえる。**
- **良い関係は良い業績につながり、お互いにますます拡大もでき、WIN―WINになれる。**

賃貸物件の管理で陥りやすい間違い

賃貸物件はいつまでも新築の状態のままではありません。時がたつにつれて、建物は劣化していきます。台風もあれば、大雪も降り、そして、夏は強烈な日照りを受けることもあります。

建物だけでなく、入居者の変化も同様です。「ベランダにゴミが溜まりだした」なども、以前はきれいにしていた人が突然汚くしだしたとなると、ゴミ屋敷状態になる前兆かもしれません。入居者の生活様態に悪い変化が見えてきたと感じ取るべきです。ほかには、いつもシャッターが閉まっているなども、通常ではないことが起こっているかもしれません。

その変化に気づくための工夫として、定期的に物件を見ることが大切です。現場では写真撮影をしておくとなおよいでしょう。このようなチェック、写真、記録帳、入居者への声かけなどにより、変化を感じることができるようになります。

特に、写真に撮っておくことは、なによりもよい証拠となります。物件の掃除も大切ですが、掃除だけで終わらせてはもったいないので、さらに記録を取っておくことをお勧めします。自動車に点検・車検が必要なように、賃貸併用住宅でもチェックシートを作成しておくことをお勧めします。

・敷地（ごみ、雑草レベルや害虫の種類等）・塀

・通路（コンクリートのヒビ等）　・基礎部分
・外壁（コーキング等）　・屋根
・ゴミ置き場　・入居者

できれば、隣地・隣人の大きな変化にも気を配り、チェックしておくことをお勧めします。また、近隣地域内の競合物件の入居率、家賃相場などもチェックしておくことが大切です。近隣もまた写真に収めておくことをお勧めします。その時、気がつかなかったことでも、後で問題になったときに、写真を撮影したことにより原因の解明ができるかもしれません。

例えば、境界杭の位置など、以前は正規の場所にあったのに、その後、隣人が位置を動かしていたなど、過去の記録が重要な証拠になるケースがありました。

このように現場での物件管理を行い、建物を改善させることが大切です。それにより、何も考えず行動をしないオーナーに比べて、大きな優位性を確保することができます。この効果は、満室、収入、長期安定経営などにつながります。

入居者が気持ちよく住みたいと思う気持ちを、オーナーがくみ取ることが大切です。物件訪問や記録の確保や小さな問題、これらを無視するなど、決して管理を怠らないことです。そして、建物や入居者に対しての問題を大きくしないこと、問題が起きる前に対策をしておくことがより重要になります。

賃貸併用住宅では管理で圧倒的な差別化ができる

木の葉が散らかっている状態、ゴミが放置されている状態、チラシが散乱している状態、これらが少しでもあると、入居者は不快に感じます。それが長く続くと、賃貸物件の評価が落ち、空室が増える傾向があります。物件から離れたところに住んでいるオーナーは、そのようなことを望みませんが、アパートの状況は毎日変化しているので、清潔に管理することは難しいものです。

その点、賃貸併用住宅のオーナーなら、要するに自宅のことですから、何の問題もなく対処できます。

さらには、エントランスに花壇をつくり、花が一杯の環境づくりをすることもできます。これで、オーナーも入居者も、気持ちのよい朝を迎えることができるのです。賃貸併用住宅に住んでいるからこそ、毎日水をやることも簡単です。

しかし、毎日物件に訪問できないオーナーの場合、花が枯れたことや葉が落ちたことに気がつきません。花は咲いている時間が短いため、花が枯れたときにすぐ摘み取ることで、見た目をよくし続けることができます。これができないため、ほとんどのアパートの前には花が少ないのですが、植栽が日々変化してもきれいな状態を維持できるのが、賃貸併用住宅というわけです。

自宅に花のある暮らし、入居者に咲いている花を提供できる賃貸オーナーさんは、住環境をさらに良くさせることができます。そして、入居者が快適になり、満室もより長く維持されることでしょう。賃貸物件と自宅が同じところにあるということは大変なメリットであり、最大の空室対策だといえます。

賃貸併用住宅だからこそ、できることがあります。毎日、アイデアを出し、工夫をして、満室を維持していきましょう。

不動産経営における確定申告の注意と税理士の活用法

個人事業主の確定申告の受付は、例年3月15日までです。最終申告期日が迫ると、税務署が大混雑しますのでご注意ください。最近ではe-Ｔａｘという便利な電子申告があり、ＩＣカードリーダーの価格も下がってきましたので、確定申告に慣れている方はこちらも有効です。

しかし、確実に確定申告を実施しようとする人には、税理士さんを活用することをお勧めします。オーナーではない個人事業主の人や熟練したオーナーは、確定申告において百戦錬磨ですが、確定申告に慣れていない人にとって、税理士さんはとても頼りになります。

自分でやることによって税法の解釈が甘く、間違った申告をしてしまうことがあります。私が問題だと思うのは、税理士さんに依頼せずに確定申告書を税務署に提出したとき、必要事項が申告書に書かれてさえいれば税務署が簡単に受け取ってくれることです。

自分自身で確定申告をした場合、さまざまなミスが発生します。そして、災難はしばらくたってから発覚するのです。税務署からお尋ねや呼び出しの文書、そして追徴課税の連絡が届きます。問題なのは、本人が確定申告において犯した間違いに気がついていないということです。訂正申告などという制度もありますが、これを活用できるのは、ご自身が確定申告の間違いに気がついたときだけです。確定申告に慣れていない人はぜひ、税理士さんに相談してください。

特に物件を取得した初年度は、税理士さんに確定申告書の作成依頼をすることをお勧めします。これにより確定申告時に適正な申告をすることができます。個人が初めて確定申告をする場合はミスをすることが多く、その後、不適切な申告書を修正することは困難です。追徴課税が、税理士依頼料を上回ったという話も聞きます。

また、新たに収益賃貸併用住宅の取得を実施したいと考えている人は、適正な確定申告を継続しなければ、銀行融資においてつまずいてしまいます。税務署だけではなく、銀行も健全な確定申告が行われているかどうかをチェックします。

さらに、お勧めしたいことは、**税理士さんに多くの質問をすること**です。単に、領収書や固定資産税などの書類を税理士さんに渡すだけではダメです。オーナー自身も、確定申告や税務について最低限度のことを知っておくべきです。そうすることで、安定かつ健全な経営につながります。税制について知ろうとすれば、経費に計上できるものとできないものの区別がわかります。

自宅で使用しているものの一部が賃貸経営における経費と認められるものもあります。しかし、オーナー側から質問しないと経費に計上してくれない税理士さんもいますので、積極的に経費計上において見落としがないかを問いかけましょう。

適正な書面の維持という意味で、税理士さんとのお付き合いはたいへん有意義です。税理士さんとの契約内容を改善し、より深く関われるようにするなどすれば、新たなステップに上がれるかもしれません。

先日、私が質問をした事例は相続税についてでした。今まで相続税について一般的な質問をしても、相続税は個別の問題でもあり一般的な回答しかありませんでしたが、私なりに相続税がいくらかかるのかをレポートにして問いかけたところ、それは違っていて、別の税率を使ったほうがいいなどと具体的な回答があり、平成27年以降の相続税が判明するというメリットがありました。こうしたことは、積極的な質問から始まるものだと思います。

無料相談では相続税額がいくらとかは回答してもらえませんが、日ごろお世話になっている税理士さんをもっと有効に活用することで、健全、かつ有効な確定申告を目指してください。

「住まい給付金」で、消費税負担を軽減する

これから賃貸併用住宅の取得を計画している人にとって、追い風となる制度があります。

それは、住宅取得者に対して消費税率アップによる負担を軽減することを目的とした「すまい給付金」という制度です。消費税が8%、または10%に引き上げられた後に住宅を取得した場合、引き上げによる負担を軽減するために一定額の現金が給付されるというものです。この制度が実施される期間は、平成26年4月から平成31年6月までです（延長の可能性もあり）。

この制度の受給者には条件がありますので、確認が必要です。消費税率8%時は、世帯所得の目安が510万円以下の方を対象に最大30万円給付するというものです。

これは賃貸併用住宅の人でも活用できます。あなたに適用されるかについては、わかりやすい簡易シミュレーションがあります。

次のすまい給付金事務局／国土交通省のサイトを活用してみてください。

http://sumai-kyufu.jp/simulation/index.html

ここで入力する項目は、

消費税率：8% or 10%

所有権：一人で所有 or 共有で所有（あなたの持分は○○／１００）
住宅ローンの利用：有 or 無
年収：○○万円
扶養家族：○人
のみで、概要を確認できます。
つまり、年収と扶養家族を入力して、都道府県住民税の所得割額を算出して、その後に給付額の概要がわかるというものです。
このシミュレーションを用いて試算した事例を列挙します。
年収が５００万円で扶養家族が３人いる場合、住民税が６１,６００円と試算され、給付額が「30万円」と満額となります。
年収が５００万円で扶養家族が２人いる場合、住民税が７５,８００円と試算され、給付額が「20万円」。
年収が５００万円で扶養家族が１人いる場合、住民税が９１,０００円と試算され、給付額が「10万円」。

年収が500万円で扶養家族がいない場合、

住民税が104,200円と試算され、給付額は「0円」。

扶養家族が多い家庭に優しい給付金です。同じ年収でも扶養家族がいない場合、住民税を多く支払い、給付額がもらえないというのはアンフェアです。

年収が450万円で扶養家族がいない場合、

住民税が90,200円と試算され、給付額は「10万円」。

目的は消費税の負担分を減らすというものでしたので、年収が低い人には、消費税のアップが生活に直結しダメージを与えるということから、年収が少ない人に優しい給付金となっているのです。

注意点は、申請をしなければ給付を受けられないということです。申告時に必要な書類は、下記のサイトからダウンロードできます。

http://sumai-kyufu.jp/download/index.html

まずはシミュレーションサイトを活用して、あなたが給付できるのか確認をしてみてください。

http://sumai-kyufu.jp/simulation/kantan/
こちらのサイトでは、住宅ローン控除についてのシミュレーションもありますので、活用してみてはいかがでしょう。
すまい給付金の総合サイトはこちらです。
http://sumai-kyufu.jp/
賃貸併用住宅でも、活用できるチャンスがありますのでお忘れなく。

賃貸併用住宅で、相続税額を数百万円から数千万円も軽減

今回の税制改正では、負担が増えるだけではなく、負担が緩和される側面も設定されています。

それが「特定居住用宅地等に係る特例」です。

一定の要件で被相続人が居住していた宅地等の相続税を緩和する制度です。被相続人の配偶者や同居の子供などが相続税負担緩和の対象となります。昨年からは2世帯住宅での同居と被相続人の老人ホームへの入居でも適用されることになりました。

相続人の住居にそのまま相続税が発生してしまうと、残された配偶者や同居の子供が住宅などの生活基盤を失ってしまう可能性があります。これを防ぐために設置されたものが、相続税

額を軽減するための特定居住用宅地等にかかわる特例です。
平成26年までは、被相続人が居住用として使用していた土地は、一定の要件のもと、240㎡以下につき土地評価額が80%減額されました。これが今年からさらに緩和され、平成27年1月1日から330㎡にまで拡充され、事業用宅地の400㎡と合算も可能になり、730㎡まで適用されます。

（平成26年12月31日以前）
・特定居住用地240㎡以下につき、土地評価額が80%減額
（平成27年1月1日以降）
・特定居住用地330㎡以下につき、土地評価額が80%減額かつ事業用宅地の400㎡と合算で730㎡が対象

都内で330㎡（約100坪）を超える居宅を持つ人は稀ですので、自宅を持つ大半の人に適用されることになります。これは現金で資産を持つ場合と比べてみると、そのメリットがわかります。

・現金で5000万円を相続の場合は、5000万円全額に課税されます。
・特定居住用宅地の相続税の評価額が5000万円の場合は、1000万円が課税対象になります。この特定居住用宅地等に関する特例の概要を見ただけでも、相続税対策として、賃貸

併用住宅を持つということが有効であることがわかります。

また、説明文の「かつ事業用宅地の４００㎡と合算も可能」との文言が、まさに賃貸併用住宅を取得した人に有効です。これにより、継続する事業がある場合、この面積を合算での減額です。つまり、賃貸併用住宅を持つべきということなのです。

相続税が80％も軽減されるということは、とても大きな意味を持ちます。賃貸併用住宅では、相続税の80％軽減措置を活用し、かつその自宅から「家賃収入を得る」ことができるのです。

すでに、賃貸併用住宅を資産形成かつ、相続対策に活用している人が増え始めています。相続税は、数百万円、または数千万円もの負担が発生します。賃貸併用住宅を取得して、**「特定居住用宅地等に係る特例」**を適切に活用し、納税額の軽減に努めましょう。

本業とは別に不動産賃貸経営をしている人が確定申告で注意するべきこと

以前、サラリーマンの方から、「勤務先の副業規定で、賃貸経営をしていることを会社に知られたくない」とのコメントを受けました。勤務先に不動産賃貸経営をしていることを知られないために、一般的に注意すべきことは、

1．不動産賃貸業に関する確定申告を自分で行う

2. 確定申告書A用紙第二表にある「住民税に関する事項」のチェック欄（自分で納付）にレ点を記入する

ということです。

これにより、たいていは勤務先に不動産賃貸経営の事実が伝わることがありません。

しかし、これにも例外があります。上記のことを実行しても、勤務先に不動産賃貸業をしていることが知られてしまうことがあるのです。それは極端に多くの経費を計上しているケースです。例えば、交通費、通信費、雑費などです。これにより、税務署から勤務先に問い合わせがくる場合があります。

その会社で同じような年収の同僚よりも住民税が極端に少ない場合などです。結果として、勤務先から本人に質問がきたことで、勤務先が認識していたことを知ることになるのです。

もっともそのケースでは極端な経費計上自体が問題です。本人は節税を意図していたのかもしれません。しかし、税務署から問い合わせがくるような極端なレベルまで経費を計上し、確定申告をしたのでは税務署も疑いを持ってしまいます。

ここでは、新築木造賃貸併用住宅を取得した場合の税務上のメリットをお伝えします。

新築木造賃貸併用住宅では確定申告において、税務上の利益を抑えられるという効果があります。その要因は減価償却があるからです。

確定申告書A用紙第二表

平成　　年分の所得税及び復興特別所得税の確定申告書A

整理番号　　　FA0066

住所

フリガナ
氏名

○ 所得の内訳（所得税及び復興特別所得税の源泉徴収税額）

所得の種類	種目・所得の生ずる場所又は給与などの支払者の氏名・名称	収入金額	所得税及び復興特別所得税の源泉徴収税額
		円	円

㊳ 所得税及び復興特別所得税の源泉徴収税額の合計額　円

○ 雑所得（公的年金等以外）・配当所得・一時所得に関する事項

所得の種類	種目・所得の生ずる場所	収入金額	必要経費等
		円	円

○ 住民税に関する事項

16歳未満の扶養親族	扶養親族の氏名	続柄	生年月日	別居の場合の住所
			平　・　・	
	個人番号			
			平　・　・	
	個人番号			
			平　・　・	
	個人番号			

給与・公的年金等に係る所得以外（平成29年4月1日において65歳未満の方は給与所得以外）の所得に係る住民税の徴収方法の選択　給与から差引き　自分で納付

配当に関する住民税の特例

非居住者の特例

配当割額控除額

寄附金税額控除	都道府県、市区町村分	円	条例指定分	都道府県	円
	住所地の共同募金会、日赤支部分			市区町村	

別居の控除対象配偶者・控除対象扶養親族の氏名・住所　氏名　住所

○ 所得から差し引かれる金額に関する事項

⑥社会保険料控除 社会保険の種類	支払保険料	⑦小規模企業共済等掛金控除 掛金の種類	支払掛金
	円		円
合計		合計	

⑧生命保険料控除			
新生命保険料の計	円	旧生命保険料の計	円
新個人年金保険料の計		旧個人年金保険料の計	
介護医療保険料の計			

⑨地震保険料控除			
地震保険料の計	円	旧長期損害保険料の計	円

本人該当事項 ⑩〜⑪
□ 寡婦（寡夫）控除（□死別 □生死不明 □離婚 □未帰還）
□ 勤労学生控除 学校名

⑪障害者控除 氏名

⑫⑬配偶者（特別）控除 配偶者の氏名	生年月日	
	明・大 昭・平　・　・	□配偶者控除 □配偶者特別控除
個人番号		国外居住

⑭扶養控除 控除対象扶養親族の氏名	続柄	生年月日	控除額
		明・大 昭・平　・　・	万円
個人番号			国外居住
		明・大 昭・平　・　・	万円
個人番号			国外居住
		明・大 昭・平　・　・	万円
個人番号			国外居住

⑭扶養控除額の合計　万円

⑰雑損控除 損害の原因	損害年月日	損害を受けた資産の種類など
	・　・	
損害金額	保険金などで補填される金額	差引損失額のうち災害関連支出の金額
円	円	円

⑱医療費控除	支払医療費	円	保険金などで補填される金額	円

⑲寄附金控除	寄附先の所在地・名称		寄附金	円

○ 特例適用条文等

第二表（平成二十八年分以降用）○第二表は、第一表と一緒に提出してください。○源泉徴収票、国民年金保険料や生命保険料の支払証明書など申告書に添付しなければならない書類は添付書類台紙などに貼ってください。

一連番号

減価償却とは、本人の財布から支出がないにもかかわらず税務上の経費を計上できるというものです。この結果、納税額を減らすことができるというメリットが生じます。

特に木造建物の場合、償却期間が22年に対して、鉄筋コンクリート造のマンションが47年ですので、償却期間が短いのです。そのため、取得した物件価格に対して1年あたりで経費計上ができる割合が、マンションよりも多くなります。

こういった点からも、税務対策として木造新築賃貸併用住宅がお勧めです。

最後にもう一つ、賃貸経営が副業にあたるのかについては、会社によって判断が異なります。大手企業では副業とみなされないケースもあります。これについて、勤務先で事前確認をしておくことをお勧めします。

個人事業主にとって、毎年1月は前年分の確定申告書を完成させる時期です。確定申告では、事実を正確に伝えることを心がけて、安定した賃貸経営のために適切な確定申告書の提出をしてください。

確定申告後こそ、次への改善と目標設定を

個人事業主にとっては、とりわけ悩ましいのが確定申告です。納税に対する不信感が高まるなか、私自身も確定申告によいイメージを持っていません。このとき、多くの人は申告資料作

成に集中するあまり、大切なことを見落としてしまいます。大切なのは、確定申告資料から浮かび上がる事業内容のチェックです。確定申告をすることにより、貸借対照表と損益計算書が完成します。そのほか、経費のリストもでき上がります。

ここで質問です。

「あなたの賃貸経営事業は、健全ですか？　それとも不健全ですか？」

確定申告をすることにより、健全か不健全かが明確にわかります。大家であるあなたが、これに気がつく最大のチャンスが確定申告です。

中古アパートを所有している人の場合、予定以上に修繕費がかかりすぎてはいませんか。中古アパートでは、修繕費が利益を上回るケースが多々あります。もしくは、予想以上に空室率が高くありませんか。

修繕費については毎月出るものではありません。1年を通してどれほど支払ったかを確認することが大切です。それが年間の家賃収入を上回ると、必然的に赤字となります。赤字物件ならば、事業の改善を真剣に考えなければなりません。しかも、早急な対策が必要です。これは、珍しい話ではありません。

例えば、地方の中古アパートで家賃相場が4万円を切るような地域の場合、物件によっては2万円台のケースも珍しくありません。この場合に、もしエアコンが故障したらどうでしょう。

エアコンの修繕や廃棄の費用、室外機や配管の手数料を入れると、6万円を超えてしまうこともあります。これだけで、2、3カ月分の家賃が吹っ飛んでしまうことになります。それに加えて、さらに空室になると、大変なことになります。

空室が6カ月も続くと、先ほどの3カ月分の家賃に加えて6カ月分の入金がなくなるため、この部屋の年間の利益は3カ月分になります。仮に、月家賃が2・5万円の地方のワンルームだとしたら、1年分の利益は7・5万円しか残っていません。このケースはやや極端ですが、地方の物件や中古物件では、この可能性がないとはいい切れません。

ここでお伝えしたいのは、将来このようなことが起こりそうなのか、または、それは心配ないといえるのか、これについて、確定申告から見えることがあるのです。

賃貸経営は、たいてい大きな変化は起こりません。けれども、確定申告を再度見直すことで、見えてくるものがあります。将来の事業性や要改善点などです。確定申告を終え、ほっと一息ついているときにこそ、やるべきなのです。

このほかの事例では、

・銀行から送付されるローン借入返済表との照合をお勧めします。

確定申告では家賃と空室率と経費などから収支が見えています。借入返済表からは将来に支払うべき、利息額がわかります。この利息の返済が進むと、収益は改善するように見えますが、不動産所得税は増えることが予想されます。

・減価償却表との照合をお勧めします。

減価償却表から見える経費計上分がなくなったときにも、税務上の収益が大きく出て、同時に不動産所得税額が上がります。このときが、より健全な新規の収益物件の取得を検討する機会です。そして、「その時期がいつなのか」についても、確定申告にヒントがあります。

悪い事業については改善を考えること。良い事業については、将来の節税対策を考えること。その判断材料が、確定申告書です。確定申告書を完成させたときこそ、冷静に見つめなおしてください。また、実績があり、信頼のおける専門家に相談をすることも有効です。

先輩オーナーの経験談から学ぶことが有益

確定申告は、収支を見直す良い機会です。収益物件のオーナーの経験値として、一つ一つ実体験を重ねることが大切です。しかし、先輩オーナーの経験を学ぶことは、短時間でたくさんの知識を得ることができます。その経験の中で良いものを活用し、失敗事例の二の舞を演じないよう、注意をしていきたいものです。

家賃の不払い、火災、地震、死亡事故など、希有な経験を持つ先輩大家さんからの話はとても貴重です。賃貸併用住宅経営でも、細かいいろいろなことが起こります。

特に中古アパートは苦労が山積みです。新築アパートでは経験できないようなことをたくさん経験することになります。諦めずに苦労を重ねてきたオーナーだからこそ、たくさんの知識をお持ちなのです。

先輩オーナーの失敗事例を聞くこと、その克服事例を聞くことは、賃貸併用住宅経営においてとても有効です。そこまでの大きな問題は起こる可能性は少ないのかもしれませんが、入居者との関係から学べること、建物の性能として注意すべきこと、賃貸経営に関わる業者さんとの付き合い方などが参考になります。

例えば、次のような学びがあります。

- **競売はルールを知らずに安易に手を出してはいけません**
- **中古アパート建物の劣化補修、欠陥補修費が高額となるため、建物診断ができる能力が必要です**
- **地方は東京以上に人口が急激に減ります、その対処はじゅうぶんですか**
- **建物の立地、過去の天災についてじゅうぶんに調査されていますか**

過去の事例、先人の実体験から学べることがたくさんあります。「小事は大事」。些細なことが大事を引き起こす例は少なくありません。小事だからといって、物事をおろそかにしてはいけない、という戒めです。

賃貸経営サポートチームを持つ

アパートに関する専門家チーム

専門家に協力してもらうことが特に有効です！

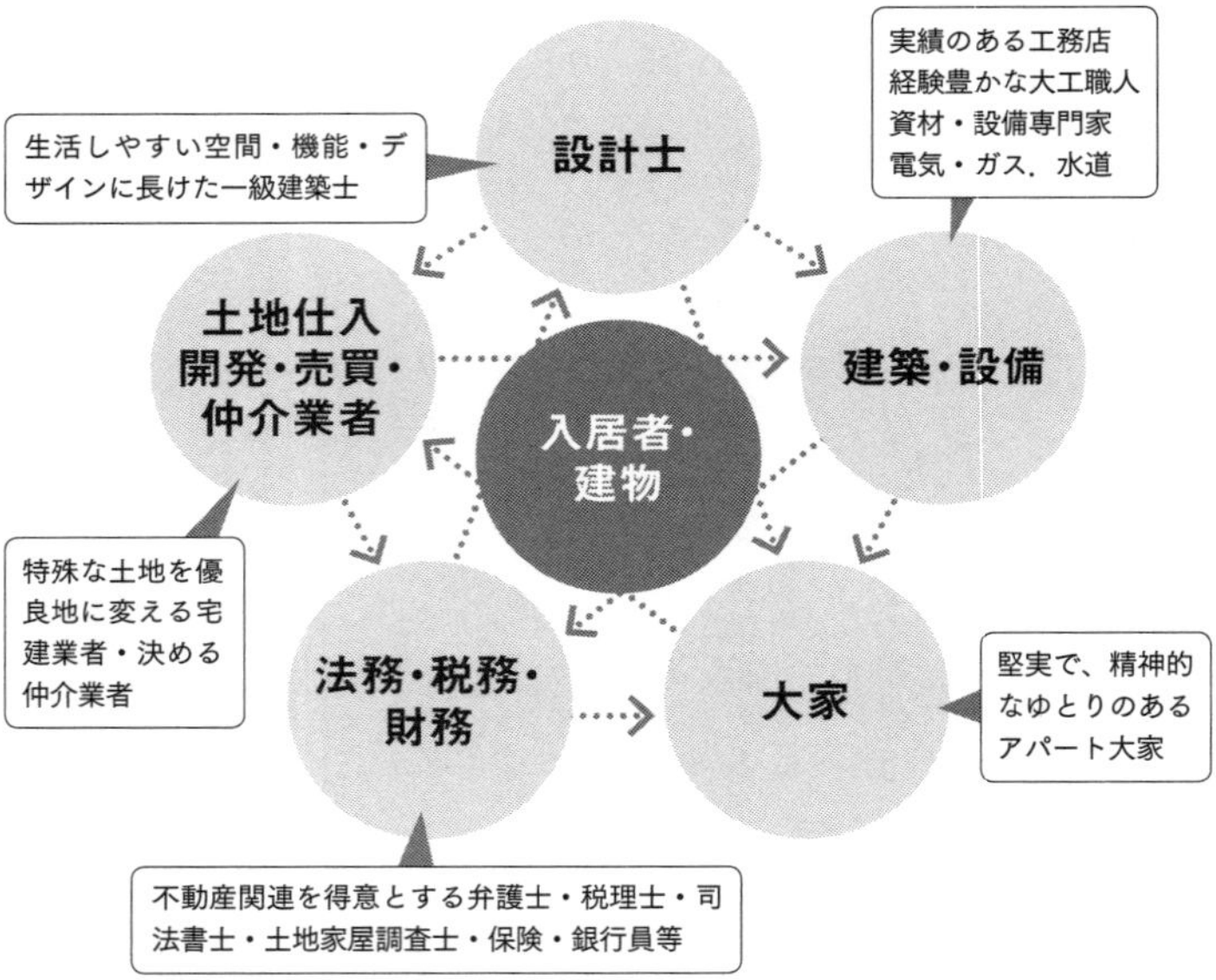

先人の中でも、とても参考になるものが先輩大家さんの事例なのです。これから賃貸経営を始める人、今まで問題なく安定経営を続けられていた人も、これから起こりうる災難に注意を払うべきです。

そして、その想定した災難が起きても慌てないように、今から準備を進めておくことが大切です。

【簡単！賃貸併用住宅収支計算表】

土地価格 ＿＿＿＿＿＿＿＿＿＿ 円……(a)

建物本体価格 ＿＿＿＿＿＿＿＿＿＿ 円……(b)

建物諸費用 ＿＿＿＿＿＿＿＿＿＿ 円……(c)
(外構費、上下水道工事費、地盤改良費など)

税金 ＿＿＿＿＿＿＿＿＿＿ 円……(d)
(不動産取得税、固定資産税、登記費用等)

保険 ＿＿＿＿＿＿＿＿＿＿ 円……(e)
(火災保険、地震保険等)

解体費 ＿＿＿＿＿＿＿＿＿＿ 円……(f)

仲介手数料 ＿＿＿＿＿＿＿＿＿＿ 円……(g)

初期費用合計額 ＿＿＿＿＿＿＿＿＿＿ 円……(h) = a＋b＋c＋d＋e＋f＋g

自己資金 ＿＿＿＿＿＿＿＿＿＿ 円……(i)

融資金額 ＿＿＿＿＿＿＿＿＿＿ 円……(j) =h－i

毎月の返済額 ＿＿＿＿＿＿＿＿＿＿ 円……(k) = 融資額(j)を基にWEB上の無料「ローン計算ソフト」が便利

毎月の想定家賃 ＿＿＿＿＿＿＿＿＿＿ 円……(l) = 近隣相場からの想定が有効

毎月の諸経費 ＿＿＿＿＿＿＿＿＿＿ 円……(m) = 固定資産税や保険費用の月額

毎月の収支 ＿＿＿＿＿＿＿＿＿＿ 円……(n) = l－k－m

＊家賃の下落や空室による収入の減少があることを想定に入れておくことをお勧めします。

『毎月の収支(n)が希望する金額であればGoサイン、希望額より少なければ実行すべきではありません。』

おわりに

本書を手に取り、読んでいただきまして、心より感謝申し上げます。

人生で一番大きな買い物である自宅を購入した多くの人が35年間の住宅ローンの返済が負担となり、お金がたまらない状態を改善したいとの思いで、対策を考え、多くのオーナーさんに共感していただき、複数の賃貸併用住宅を建築しました。

その結果、オーナーさんに満足していただき、また「給与から住宅ローンを払うことがなくなった」「家賃から住宅ローンを支払った後でも、お釣りが残り、お小遣いが増えた」などとの喜びの声をいただくことができました。将来は、戸建て住宅よりも賃貸併用住宅の数が多い状況になるかもしれません。

そして、この事例をもっと多くの人に知ってもらえればとの気持ちで、この本の執筆をすることを決めました。

まずはお金をかけずに、一歩を踏み出して、賃貸併用住宅を良く知ること、土地情報や近隣の賃貸需要を調べてみることから始めることが有効です。

賃貸併用住宅を取得することで、毎月の支出が減り、貯蓄が増えることにつながり、快適に生活ができ、思いっきり遊びを楽しむことができるようになることでしょう。

そして、将来の生活資金に不安がなくなり、年金対策としての準備ができたことになります。この本を読んでくださった方々が、希望する人生を送ってもらえればと思います。皆さんが年金不安なく、元気になることで、日本の未来が明るくなることを願います。

また本書の内容で難しい部分や用語がありましたら、年金大家会の公式年金大家サイト(http://nenkinooya.com/)へお越しください。最新情報、収支計算や土地購入前の確認事項そして満室経営の注意点など複数のチェックリストを掲載しています。用語集そして皆様からいただいた質問への回答集を掲載しています。チェックシートなどをダウンロードして活用してもらえればと思います。また、実践方法を体験しながら学びたい方は、入門講座のご案内(http://creators-house.jp/f/)をご覧いただければ幸いです。

また、この本の企画と作成支援をしていただきました潮凪洋介様、株式会社ビジネス社の唐津隆社長、そして賃貸併用住宅に共感し、取得後の感想をコメントしていただきましたオーナーの皆さま、大変ありがとうございました。

最後に、読者の皆様に次の言葉をお送ります。

「あなたは、出来る!」

これからの皆さまが安心して生活し、人生を楽しんでもらえることを強く願います。

大長　伸吉

[略歴]

大長伸吉（だいちょう・のぶよし）

1971年静岡県生まれ。千葉大学院工学研究科卒。年金大家会主宰、ランガルハウス株式会社代表。宅地建物取引士、貸金業務取扱主任者、FP技能士。サラリーマン、事業主の年金対策と副収入増額を目的として、東京都心の土地取得から賃貸物件の建築、満室経営を長期間維持することを体系化して支援をしている専門家。セミナー参加者は累計2000人超、相談会は3100回超。130棟の建築実績、サポートを受けた100人超のオーナーは年金がなくても困らない年金不安を払しょくできている。自身の所有物件は、4棟28室で15年間、安定経営を継続している。著書に『王道アパート経営で「マイ年金」づくり』(カナリア書房)、『サラリーマン大家の「クズ土地」アパート経営術』(日本実業出版)などがある。

● Official Site　http://nenkinooya.com/

●独立事業主専門／年収600万円からの「賃貸併用住宅」入門講座
http://creators-house.jp/f/

編集協力／潮凪洋介（潮凪道場）

1億稼ぐ　奇跡のマイホーム

2017年12月1日　　　　第1刷発行

著　者　大長伸吉
発行者　唐津 隆
発行所　株式会社ビジネス社
〒162-0805　東京都新宿区矢来町114番地 神楽坂高橋ビル5F
電話　03(5227)1602　FAX　03(5227)1603
http://www.business-sha.co.jp

〈カバーデザイン〉中村聡
〈本文組版〉茂呂田剛（エムアンドケイ）
〈印刷・製本〉中央精版印刷株式会社
〈編集担当〉本田朋子　〈営業担当〉山口健志

ISBN978-4-8284-1992-3